Pepe Domingo Muleiro y Oleiros nació en Estrepto, ex república soviética de *Estrepto Carbocaftiazol.* *Mulerio*, que es ya una leyenda porque *ha vendido más de 1.300.000 ejemplares de sus libros de chistes,* tuvo siempre una excelente relación con sus padres:

—*Ellos sólo me pegaron una vez: empezaron en abril de 1977 y terminaron en agosto de 1982.*
En 1986, apenas cumplió los 18 años, *Muleiro* vivió 2 (dos) *acontecimientos cruciales:* en febrero compró una aspiradora que le resultó alérgica al polvo y en noviembre descubrió que *no era gay.*
—*Fue terrible el momento en que tuve que confesárselo a mis padres.*
Pocos días después, toda la familia decidió trasladarse a la región bávara de *Cefalea.* Se instalaron en la nívea isla de *Aspirina.*
—*No queremos más dolores de cabeza.*
Muleiro no pudo soportar la calma de *Aspirina.* Tomó una rápida decisión:
—*Si en los próximos 20 (veinte) años no me acostumbro a este lugar, huiré sin avisar.*
Y cumplió. A los 43 años huyó a *Prozac:* una ciudad más tranquila aún.
Estaba a punto de arrepentirse del cambio cuando conoció al *Laucha Narvaja,* un imponente maestro de *Yoyoyoga* (el nuevo método de *Auto-auto-auto ayuda*).
Apenas se encontraron frente a frente, Muleiro preguntó:
—*¿Tengo que ponerme en puntas de pie para alcanzar la sabiduría, maestro?*
—*Muleiro: jamás conduzcas más rápido*

de lo que vuela tu Ángel de la Guarda.
—*Maestro: ¿debo renunciar a mi ombligo?*
—*Recuerda siempre que la fe puede mover montañas... pero no los muebles.*
Estas 2 (dos) frases convirtieron a *Muleiro.* Abrazó el *Yoyoyoga* durante 55 años con toda su fuerza.
Pero una tarde *(no muy tarde)* de 1989, el *Laucha* reunió a todos sus discípulos.
Bendijo a cada uno de ellos y luego, con voz aterciopelada, les comunicó:
—*Mañana me voy a la mierda ¿alguien quiere que le traiga algo?*
Jamás volvieron a verlo.
Este hecho marcó para siempre el karate de Muleiro: *nunca más usó su cinturón marrón.*
Durante décadas, *Muleiro* pensó que su profesor de *Yoyoyoga* regresaría.
Hasta que recibió una carta anónima que contenía sólo esta frase:
"Rectificar es de sabios... equivocados".
En ese mismo momento tomó otras 2 (dos) decisiones:
—*La primera, escribir este libro: Súper Chistes 2 (dos). La segunda, si quieren conocerla, tendrán que esperar a que se publique* Súper Chistes 3 *(tres).*
Irritado, en la cumbre de su carrera, Muleiro desafió:
—*Éstos son mis principios. Si no les gustan... ¡tengo otros!*
Y concluyó:
—*Ya saben: tanto va el cántaro a la fuente que al final... sabe ir solo.*

Gracias por la Risa

PEPE MULE!RO

Súper CHISTES 2

EDITORIAL SUDAMERICANA
BUENOS AIRES

Diseño de tapa e interiores: *Ricardo Parrotta / Carolina Narnesi*

IMPRESO EN U.S.A

Queda hecho el depósito
que previene la ley 11.723.
© *2002, Editorial Sudamericana S.A.*®
Humberto I 531, Buenos Aires.

www.edsudamericana.com.ar

ISBN 950-07-2188-0

© 2002, Ricardo Parrotta

Dedicatoria

Dedico: *Dedo pequeño*

¡Hola Súper Lector!

Gracias por la risa

Súper A

–¿Sabías que los basureros de la ciudad de Nueva York ganan 55.000 dólares al año?
–*¿Ah sí? ¿Y por qué las calles están tan sucias?*
–¿Te parece que un tipo que gana 55.000 dólares al año va a andar por ahí levantando basura?

–Malas noticias, ¡se ha muerto la madre de Manolo!
–*¡Nooo! Y ahora ¿quién se lo dice?*
–No te preocupes, ya veré cómo se lo digo suavemente.
Al rato, llegó Manolo.
–Ven, quiero decirte algo... ¿qué sucedería si algo malo nos pasara?
–*No digas eso. ¿Qué nos puede pasar?*
–Uno nunca sabe. Dime, ¿qué preferirías: que se muriera tu mamá o que se muriera la mía?
–*No digas eso, ¡cómo que se muera mi mamá o la tuya! Ninguna. No juegues.*
–No, pero ¿si tuvieras que escoger?
–*En ese caso, que se muera la tuya.*
–¿Ves? Por ser tan mala persona, ¡se murió la tuya!

La medalla de oro en la lucha olímpica sería disputada entre un ruso y un norteamericano. Antes de la final, el entrenador estadounidense advirtió a su pupilo:
–*Este ruso tiene una llave especial: la Pretzel. Todos a los que se las ha aplicado tuvieron que rendirse y fueron llevados al hospital, porque no hay escapatoria. Así que por ningún motivo dejes que te la aplique. ¡Si te la hace, ahí termina todo!*
El día de la final el ruso atacó y aplicó la temida *Pretzel*. La multitud se decepcionó y el entrenador, que no quería mirar, se cubrió la cara.
De pronto, el gentío gritó. El instructor miró y vio que su

discípulo levantaba al ruso y lo tumbaba.

¡Espaldas planas!

¡El norteamericano ganó! El árbitro lo declaró vencedor con la medalla de oro.

Más tarde, en los vestidores:

—*Oye, ¿cómo hiciste para salirte de la Pretzel? ¡Antes nadie había podido!*

—Cuando me aplicó la *Pretzel* ya iba a rendirme. Pero, de pronto, abrí los ojos y vi un par de bolas. En aquel momento, con las últimas fuerzas que me quedaban, mordí esas bolas tan fuerte como pude.

—*¿Y entonces?*

—¡No tiene la menor idea de la fuerza que uno adquiere cuando *se muerde sus propios huevos!*

Muleiro en el médico. Se quita los zapatos y aparecen sus pies cubiertos con una gruesa capa de suciedad.

—*Lo primero que tiene que hacer es lavarse esos pies con jabón y un cepillo de raíces.*

Muleiro pasa al servicio, y comienza a lavarse hasta que grita:

—Mire, doctor: ¡¡¡*deditos como en las manos!!!*

Descubrieron el gen de la timidez. Podrían haberlo encontrado antes, pero ¡estaba escondido detrás de otros genes!

Se murió una mujer que había llevado una vida muy pecaminosa y, sin saber cómo, se encontró en las puertas del cielo, con San Pedro invitándola a pasar.

—*No, yo no tengo derecho a pasar porque fui muy pecadora y supongo que todo lo que hice debe estar en mi expediente.*

—Aquí no llevamos expediente. Pasa hija y sígueme.

Lo empezó a seguir por los jardines celestiales, cuando

· · · · · · · ·

A las tres de la mañana sonó el teléfono:

—¡Hola! ¿La familia Silva?

—*No, imbécil. La familia duerme.*

· · · · · · · ·

Fútbol: Es con lo que toda mujer se casa, sin saberlo.

· · · · · · · ·

12

de pronto vio a varias mujeres, maldiciendo, con gestos de rabia y tirándose de los pelos.

–Y ellas, ¿quiénes son?

– Ellas son las inocentes doncellas que nunca pecaron y que también creían que aquí llevábamos expedientes.

–¿Cómo se dice en inglés Superhombre?

–Superman.

–¿Y hombre araña?

–Spiderman.

–¿Y vendedor de alfombras?

–Musulmán.

–McGyver, ¡vienen cien tanques!

–Tranquilo, no te preocupes...¡¡¡Tengo un clip!!!

Al regresar de su trabajo, Muleiro se sentó a la mesa. Su esposa, muy atenta, le preguntó:

–¿Te sirvo?

–A veces.

–Manolo, anota mi teléfono: tres cuarenta y seis nueve cero cuatro siete.

Y Manolo anotó: 46 46 46 0 0 0 0 0 0 0 0 0 7 7 7 7.

Una pareja joven, con un niño de cinco años, estaba ya cansada de que el pequeño los interrumpiera mientras hacían el amor.

–Mira, Paquito, tu mamá y yo vamos a hablar de nuestras cosas en nuestro dormitorio. Sé un niño bueno, asómate a la ventana de tu cuarto y cuéntanos lo que veas, ¿de acuerdo?

• • • • • • • •

Ser pobre tiene básicamente una gran ventaja: es baratísimo.

• • • • • • • •

A esa niña le decían puerta porque todos habían pasado por ella.

• • • • • • • •

Ladran, Sancho... señal de que hemos pisado un perro.

• • • • • • • •

De tal palo... nacieron mis hijos.

• • • • • • • •

El nene comenzó:

–Hay una señora paseando a su perro... un autobús rojo está pasando... los vecinos de enfrente están teniendo sexo otra vez.

–*¿Cómo sabes tú eso?*

–Es que el hijo pequeño de ellos también está asomado a la ventana *¡haciéndose el tonto como yo!*

–Hola, ¿hablo con el gerente del banco? Soy Pepe Muleiro y llamo porque acabo de perder la chequera.

–*Eso es bastante grave. Tenemos que hacer la denuncia.*

–¡Tranquilo, hombre! Al que encuentre la chequera no le va a servir de nada.

–*¿Por qué?*

–Hombre, porque los había firmado todos.

Llegó el gallego Paco a las 4 de la madrugada. Metió la llave despacio sin hacer ruido para no despertar a su mujer. Pero la Pepa estaba esperándolo y encendió la luz. Al verse descubierto, Paco reaccionó:

–*¿Qué?*

–¿Qué de qué?

–*¿Qué de qué o qué?*

–¿Qué de qué o qué de qué?

–*¿Qué de qué o qué de qué o qué?*

–¿Qué de qué o qué de qué o qué por qué?

–*¿Qué de qué o qué de qué o qué por qué, qué?*

–¿Dónde andabas?

–*¡No, no, no me cambies la conversación!*

La distinguida anciana estaba muy contenta con su nuevo chofer.

Era un hombre fiel y discreto.

Pero era muy descuidado en su aspecto físico.

La mujer trató de inducirlo a la higiene muy sutilmente.

–Paco, ¿cada cuántos días cree que es necesario afei-

> • • • • • • • •
> Lo que más me llamó la atención de Hollywood fue *la cantidad de mujeres que no usan bragas... y la cantidad de hombres que sí las usan.*
> • • • • • • • •

tarse para presentar un aspecto correcto?

–*Le diré, señora: ¡con una barba no muy tupida como la suya, creo que cada tres o cuatro días es más que suficiente!*

Manolo despertó de la anestesia.

–*¡Doctor, no puedo sentir mis piernas! ¡no puedo sentir mis piernas!*

–¡Hombre, claro! ¡Si acabo de amputarle los brazos, joder!

–¡Hombreeee! ¡Manolo, tanto tiempo! Me han comentado por ahí que tu mujer te ha puesto los cuernos, que tu hijo está en la cárcel y que tu hija es prostituta.

–*¿Y tú? Con esas gafas que usas ¿qué?*

–Mamá, en el colegio me llaman bobita.

–*No, hija, lo que pasa es que tienes la cabeza llena de pájaros...*

–¡Ahhh! ¡Quítamelos! ¡Quítamelos!

–Le tengo malas noticias: según sus análisis, le quedan diez de vida.

–*Doctor, ¿diez qué? ¿Diez meses, diez años?*

–No, señor: 10, 9, 8, 7...

Tres gallegos hablan de perros.

–El mío es un pastor alemán buenísimo, me tiene a todas las ovejas controladas.

–*Pues mi San Bernardo cuando nota que tengo sed me trae un barrilito de cerveza...*

–Pues yo tengo uno sin marca que no es malo. Le enseño una perdiz, la huele y me trae otra. Le enseño un

Rebelde: En Japón, verde muy intenso.

⋯⋯⋯

Hombre: Aquel ser masculino que durante sus primeros nueve meses de vida quiere salirse del útero, y el resto de su vida intenta entrar en él.

⋯⋯⋯

Amor: Enfermedad temporaria que se cura con el matrimonio.

⋯⋯⋯

–Hablo tanto que mi novio *se pone ronco de escucharme.*

⋯⋯⋯

conejo, lo huele y me trae otro. El otro día le enseñé las bragas de mi mujer, las olió y me trajo los huevos del sacristán.

—Esta puerta no se abre.
—*Intenta al revés.*
—erba es on atreup atsE.

El gallego Pepe se presentó en la comisaría para denunciar la desaparición de su esposa.
—¿Cuánto tiempo hace que ha desaparecido?
—*Diez años.*
—¡Diez años! ¡Joder, ha tardado usted mucho en avisarnos!
—*Es que no me atrevía a creerlo...*

La televisión es como la bolsa de Papá Noel, un lugar muy pequeño pero donde cabe mucha gente.

—*¿Qué te pasa? ¿Por qué lloras?*
—Me acaban de diagnosticar que tengo Sida.
—*Tranquilo, no llores. Ponte todas las noches una mascarilla de barro.*
—¿¿¿Y con eso me voy a curar, Manolo???
—*No. Pero vas a ir acostumbrándote a la tierrita.*

Después de dos horas y media de vuelo, el ejecutivo no aguantó más.
—*Disculpe, señorita, pero ¿podría cambiarme de asiento? Quisiera fumar y estoy en zona de no fumadores. ¿Puedo pasarme a la zona de fumadores?*
—Por supuesto señor. Venga conmigo por aquí...

El tacto consiste en saber hasta dónde *se puede llegar demasiado lejos.*

El día que leí que el alcohol era malo para la salud... *dejé de leer.*

Este calor me mata. **Walt Disney.**

Entre mi novio y yo hay una *mutua incomprensión.*

16

La azafata lo acomodó junto al gallego Paco, quien inmediatamente se presentó:
–¡Hola! Soy Paco, encantado de conocerlo. ¿Qué? ¿Acaba de subir?

La gallega Paca llegó a donar sangre. Le preguntó un médico:
–Señora ¿usted vende la sangre o la dona?
–Por ahora la sangre, pero con esta crisis voy a empezar a vender la dona.

Sale Manolo corriendo semidesnudo de un hotel que está incendiándose.
Se acerca a uno de los bomberos:
–¿Has visto una pelirroja con unas tetas grandotas y un tremendo culo?
–No.
–Bueno, si la ves, te la puedes follar porque yo ya le pagué.

El gallego Manolo entró al restaurante con su perro Pepe. En la puerta del local había un letrero enorme:
"No se permiten animales".
El dueño del restaurante le señaló el cartel.
–Oiga, ¿sabe usted leer?
–¡Pues claro!
–¿Y?
–¿¿¿Quién está fumando???

El gallego Paco en su habitación de un hotel de Estados Unidos.
Tomó la Biblia del cajón de la mesa de luz.
En la portada, decía:
"Si está enfermo, lea el Salmo 18".

Era tan pero tan pequeño su reloj de pulsera que nunca tenía tiempo para nada.

Idealista: Es aquel que, al notar que una rosa huele mejor que un repollo, sacó la conclusión de que hará una sopa mejor.

Lo que no puede ser, no puede ser. Y además es imposible.

"Si tiene problemas con su familia, lea el Salmo 45".
"Si se siente solo, lea el Salmo 22".
Como se sentía solo, buscó el Salmo 22 y lo leyó.
Al final del Salmo 22, había una inscripción con lápiz que decía:
"Si después de leer el Salmo 22 aún se siente solo, llame al 555-3242 y pregunte por 'Samantha, la ardiente'."

La gran Muleiro:
—*Oye Josefa, salgo de caza, y como a lo mejor volveré tarde,* aquí te dejo ya el conejo.

No importa qué hagas sin restricciones morales éticas o personales. *Lo importante es cobrar por ello.*

Un empresario

Comía Pepa con su novio el gallego Manolo en un restaurante. De pronto, vio una cucaracha en su plato.
—*¡Por favor camarero! ¡¡¡Quíteme este animal de aquí!!!*
Y el camarero sacó a patadas al novio.

Un domador de fieras era tan valiente que metía el brazo en la boca del tigre y lo llamaban "El Audaz"... Ahora le dicen "El Manco".

—¿Sabes qué le sucedió a Pepa, la gallega, en el club de la Coruña?
—*No sé.*
—La atraparon unos violadores en la oscuridad *y la vistieron.*

Manolo decía que era un gran mago.
Y su mejor truco era, sin ninguna duda, el que viene a continuación.
Mostraba ambas manos a uno del público:

–Elija uno de mis pulgares. Uno cualquiera.
Cuando el público elegía, Manolo ponía las dos manos a la vista con los puños cerrados:
–¿¿¿En qué mano está ahora el pulgar que eligió???

–Tú, Paco, dime una palabra que tenga varias letras "o".
–Goloso.
–¿Y tú que dices, Pepe?
–Cocotero.
–¿Y tú, Muleiro?
–Goooooooooooooooooooooooooooooooooooooooooo
ooooooooooooooooooooooooooooooooooooooooool.

Detrás de cada hombre exitoso hay siempre una mujer echándole en cara *que existe otro hombre más exitoso que él.*

Simultáneamente, dos hombres muy jóvenes se encuentran en extremos opuestos del mundo.
Uno camina sobre una cuerda *tendida entre dos enormes rascacielos.*
El otro está *recibiendo sexo oral de una anciana de 93 años.*
Los dos *piensan lo mismo.*
¿Qué están pensando exactamente? Piensan:
–¡¡¡No debo mirar para abajo!!! ¡¡¡No debo mirar para abajo!!!

–¿Sabías que mi amigo Pepe Muleiro mandó su foto a un *Club de Corazones Solitarios?*
–¿Y qué sucedió?
–Se la devolvieron con una nota: "¡No estamos *tan* solos!".

En la clase de física.
–¿Podría usted calcular la altura de un edificio por medio del barómetro?
–Sí, profesor. Hay dos procedimientos. El primero es

atar el barómetro a una cuerda desde la azotea, bajarlo hasta el nivel de la calle y luego medir la longitud de la cuerda; el segundo es regalarle el barómetro al conserje a cambio de que nos diga la altura del edificio.

—La mayor de las aves zancudas es la cigüeña.
—*No nos venga con cuentos profesor, que ya tenemos edad para saber que las cigüeñas no existen.*

—*¿Tú sabes cómo ir a Madrid?*
—Pues, sí, muy fácil. Cojo el coche, pillo la carretera y voy leyendo los letreros que señalan para Madrid.
—*Pero yo no sé leer...*
—Es igual, tú sigue las flechas que están debajo de los letreros.

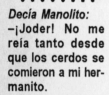

Decía Manolito:
—¡Joder! No me reía tanto desde que los cerdos se comieron a mi hermanito.

—¡María, lava a los niños!
—*¿Para qué? ¡Si los reconozco por la voz!*

—¿Sabes cuál es la diferencia entre una pizza muy aromática y hacer el amor?
—*No.*
—¿Quieres cenar conmigo?

—¿Qué hace el marido cuando su esposa le pide que sea más cariñoso?
—*Consigue a dos amiguitas.*

El policía bajó del patrullero y detuvo al gallego en la calle:
—A ver, usted, ¿cómo se llama?

–¿Cómo me llamo? Aguarde usted que canto: "¡Quee los cumplas feliz... que los cumplas feliiiiiizzzzz, que los cuuuuuumplas... Manooolo..." Manolo: me llamo Manolo.

–Papá, ¿por qué siempre me pegas en la cabeza?
–Porque tu cabecita me ha echado a perder al coñito más apretadito de la región.

Dos gallegos habían naufragado y sobrevivían en un iceberg.
–¡Paco, Paco! ¡Estamos salvados, estamos salvados!
–¿Por qué dices eso, Pepe?
–¡Ahí viene el Titanic! ¡Ahí viene el Titanic!

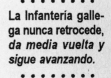

La Infantería gallega nunca retrocede, da media vuelta y sigue avanzando.

Yo hago siempre el amor con preservativos... pero preferiría una mujer.

–Disculpe: ¿podría pintar sus ovejas?
–¡No, coño! ¿Cómo voy a hacer luego para vender lana si usted me las pinta?

–Camarero, lo he llamado cinco veces. ¿No tiene orejas?
–Sí, señor, ¿fritas o en vinagre?

–Manolito, ¿quieres que te cuente un chiste rápido?
–¿Y cuál es la prisa?

Sonó el teléfono en la oficina de Salubridad e Higiene Públicas y una voz calmada y sedante se oyó en el otro extremo.
–¡Hola! Soy el ministro de la Iglesia Bautista de este pueblo y quisiera que por favor vinieran a recoger una mula que amaneció muerta al frente de nuestro edificio.
El secretario de la oficina supuso que se trataba de

una broma y contestó con ironía:
–¡Creí que ustedes los ministros se encargaban de los muertos!
–*¡Sí! ¡Pero es nuestra norma notificar siempre a los familiares!*

Se realizaba una reunión en un ayuntamiento. Varios grupos políticos de diferentes países habían decidido organizar un concurso de *aficionados a la corrupción.* De pronto, entró el concejal argentino:
–*¡¡¡Che, yo también quiero jugar!!!*
–Lo sentimos pero éste es un concurso para amateurs y *¡¡¡tú eres profesional!!!*

–¿Y de qué murió su esposo?
–*Cayó en un barril de vino de 5.000 litros.*
–¡Qué muerte tan espantosa la de su marido!
–*No vaya a creer: ¡alcanzó a salir cinco veces a orinar el muy maldito!*

–En la ciudad de Nueva York, en un coche viajan un mexicano, un puertorriqueño y un negro. ¿Quién va conduciendo?
–*¡¡¡La Policía!!!*

La gallega Paca Muleiro le preguntó a cada una de sus hijas:
–¿Cómo tienen el miembro sus respectivos esposos?
–*Mi esposo lo tiene largo pero delgado.*
–¡Eso es elegancia, hija!
–*Mi marido lo tiene gordo pero corto.*
–¡Eso es potencia, hija!
–*Mi hombre lo tiene largo y grueso.*
–*¡Eso!* ¡Eso es una polla, hija! ¡Una verdadera polla!

Súper Abiertos

–¡Oye! Tú me dijiste que te habías casado y ahora te veo lavar tu propia ropa. ¿Cómo es esto?
–*Claro que me casé. ¿No ves? ¡Es la ropa de mi mujer!*

–*Usted vivirá hasta los 70 años.*
–¿Hasta los 70? ¡Si los cumplo hoy!
–*Ya lo sé, por eso se lo digo.*

–*Doctor, ayúdeme por favor, ¡me siento un coche, creo que soy un automóvil!*
–Por de pronto apague su motor, porque no oigo nada.

–*¿Así que robó las barras de pan porque tenía hambre?*
–Sí, señor juez.
–*¿Y por qué además del pan se llevó el dinero que había en la caja?*
–Porque no sólo de pan vive el hombre.

–*¿Cuál es el perro artista?*
–El can-tante.

–¿Por qué las jirafas tienen el cuello tan largo?
–*Para que les llegue hasta la cabeza.*

Se quejaba el golfista gallego de que cuando la pelota caía en la zanja, tenía problemas para continuar el *match*. Todos sus amigos intentaron darle algún consejo para

poder sacar la bola de la zanja limpiamente.

—No, no, mi problema no es sacar la bola, sino salir de la zanja yo mismo.

—¿Cómo le diría la madre doña Josefa al padre don José que le sirva pan a su hijo José?

—Pepe, parapepinponpán... (se debe tararear con música)

El dueño del circo estaba desesperado.

Su trapecista estrella se había enfermado.

Ya había vendido todas las entradas porque la mujer era excepcional.

Acudían de todas las provincias para ovacionarla.

Tenía que encontrar un reemplazo o quebraba.

Se paró en medio de la pista y gritó desesperado:

—¡Necesito una solución ya!

Todos se sobresaltaron al escucharlo.

Y justamente uno de los operarios que estaba sentado clavando con un gran martillo unos clavos en las gradas dio un grito fortísimo.

El obrero se lanzó hacia atrás con un doble salto mortal, fue corriendo a la escalerilla del trapecio, *se subió a él e inició una serie de cabriolas y saltos que dejaron boquiabierto al director del circo, ya que superaban, en mucho, a las realizadas por la trapecista estrella.*

Cuando bajó el operario, sudoroso, agotado, casi sin respiración y con el rostro totalmente descompuesto, el dueño del circo corrió hacia él:

—¡Un millón! ¡Dos millones...! ¡¡¡Tres millones!!!... ¡¡¡Lo que quiera!!! Le doy lo que quiera para que repita cada noche en estos diez días que estaremos en Valencia lo que acaba de hacer ahora. ¡Sería mi salvación! ¡¡¡Por favor!!!

—Mire... ¡¡¡ni por cien millones de pesetas me vuelvo a machacar *otro martillazo en los huevos como el que me acabo de dar*!!!

Súper Abogado

Un abogado murió en la pobreza. Como no tenía familia y faltaban diez centavos para pagar el entierro, el sepulturero le pidió al cura que los aportase.
–*¿Diez centavos?*
–Sí, padre. Sólo diez centavos, ¡por favor!
–*¡No hay problema! ¿¿¿Sólo se necesitan diez centavos para enterrar a un abogado??? ¡¡¡Tome veinte pesos y entiérreme a doscientos!!!*

Dios decidió llevar al diablo ante una corte y finalmente aclarar sus diferencias. Cuando Satán escuchó la noticia le dijo muerto de risa:
–*¿Y de dónde vas a sacar un abogado allí en el cielo?*

–¡Vaya abogado que es usted! ¡Siempre con el traje lleno de manchas!
–*Es que sólo intervengo en asuntos sucios.*

El abogado defendía a un mendigo.
–*Usted parece ser más honrado que el resto de los tipos de su clase que he defendido.*
–¡Gracias, doctor! Si no estuviese bajo juramento le devolvería el cumplido.

Paco y Manolo cruzaban el Atlántico en globo aerostático. Después de 37 horas en el aire:
–*Será mejor que le quitemos aire caliente al globo para descender un poco y así poder ver dónde estamos...*
Quitaron bastante aire y bajaron a unos 50 metros del suelo. Como no podían identificar el lugar, decidieron preguntarle a un granjero que veían allá abajo:
–*¡Oiga! ¿Podría decirme dónde estamos?*

Los abogados ociosos tienden a convertirse en políticos. Es por eso que existe *cierto interés social en mantenerlos ocupados.*

Incorruptible: Dícese de quien exige precios demasiado altos.

−¡¡¡Están en un globo aerostático a unos 50 metros del suelo!!!
−¡*Éste seguro que es abogado!*
−¿Cómo puedes saber desde tan lejos?
−*Porque nos dio un informe ciento por ciento preciso pero totalmente inútil...*

Hacía ya tres años que un abogado pasaba sus cortas vacaciones en la posada de un pueblecito a orillas del mar, donde había entablado una tierna amistad con la hija menor del posadero.

El último año, cuando llegó a la posada, la encontró sentada dando de mamar a un bebé de pocos meses... Se dio cuenta de que ese niño era suyo.

−*María, ¿¿¿por qué no me avisaste que estabas embarazada??? Yo me habría hecho cargo del crío y nos habríamos casado como corresponde... ¡¡¡El niño habría llevado mi apellido!!!*

−Sí, eso supuse. Pero lo consulté con el resto de la gente y decidieron que *preferían tener un bastardo en la familia antes que un abogado...*

En un tren viajaban un ruso, un cubano, un argentino y un abogado.

El ruso sacó una botella de vodka de su maleta, se sirvió un poco en un vaso y lo bebió:

−*En Rusia tenemos el mejor vodka del mundo; en ninguna otra parte del mundo se puede encontrar un vodka de la calidad del que producimos en mi vieja tierra de Ucrania. Y tenemos tanto vodka que lo podemos tirar por los aires y no preocuparnos...*

Dicho esto, abrió la ventanilla del vagón y tiró la botella que estaba ya casi llena.

Los demás quedaron muy impresionados...

Entonces el cubano se incorporó y sacó de la maleta una caja de habanos, encendió uno y lo fumó:

−*En Cuba tenemos los mejores cigarros del mundo:*

Platón: Filósofo hondo o playo.

Polvorín: Hotel para amantes.

los habanos... *En ningún otro sitio del mundo tienen tantos y tan al alcance que puedan darse el lujo de derrocharlos. Nosotros tenemos tantos que no me importa tirar los que restan de la caja por la ventana...*
Agarró la caja y lo tiró sin titubear...
Una vez más, la gente quedó perpleja...
Entonces se incorporó el argentino, *agarró al abogado y lo tiró por la ventana...*

Un abogado había comparecido ante San Pedro, quien leía un listado de sus pecados:
1- Defender a una compañía que produjo la destrucción de una ciudad completa por contaminación ambiental habiendo pruebas contundentes de la culpabilidad de la misma.
2- Defender a un peligroso asesino, obviamente culpable, por ser un buen cliente y ofrecer una paga sustanciosa.
3- Recargar las cuentas de los clientes.
–¡Está bien! ¡Acepto los cargos! Pero ¿¿¿qué hay de las obras de bien que he hecho en mi vida???
–Sí, es cierto, veo que en una oportunidad le dio diez centavos de más a su lustrabotas... ¿Es eso cierto?
–¡Cierto!
–Y aquí veo que en otra ocasión le dio cinco centavos a un mendigo... ¿Es eso cierto?
–¡Sí señor!
–¡Está bien! Consíganle quince centavos y ¡¡¡díganle que se vaya al infierno!!!

• • • • • • • •
En esta vida la primera obligación es ser totalmente artificial. *La segunda nadie la ha encontrado aún.*
• • • • • • • •

El juez molesto:
–¡Silencio en la sala! Les advierto que como vuelvan a gritar "¡Abajo el juez!" los echo de la sala.
–¡Abajo el juez!
–¡La advertencia no es para el acusado!

Súper Absurdos

Gallego intentando sacarle unos dólares a un argentino.
—Oye, sudaca: te doy 25.000 dólares si me das una muestra del colmo de la pereza.
—Poné los 25.000 dólares en mi bolsillo.

En la fila de un cine.
—¡Joven, cuidado con sus manos, téngalas en su sitio!
—¡Pero, señora, yo soy mutilado de ambas manos!
—¿Ve? ¡Dios lo castigó!

—¡Un refresco por favor! ¡Un refresco por favor! ¡Un refresco por favor!
—No me grite que no estoy sordo. ¿Qué tipo de galletas quieres?

—¿Cómo murió Jesucristo?
—En la cruz.
—Muy bien. Tienes un diez.
—Mejor un ocho, porque no me acuerdo si fue en la *Cruz Roja* o en otra...

Un hombre que siempre vivió amargado:
—Yo nunca he recibido lo que me merecía.
—Pues ha tenido suerte.

—¿Por qué llegas tan tarde?
—Porque salí con retraso de casa.
—¿Y no se te ocurrió que podías salir más temprano?
—Sí, se me ocurrió, pero ya era tarde.

Señorita: Forma más elegante de denominar a una mujer que, a diferencia de una "señora", aún no posee un macho fijo.

¿Por qué hay gente que despierta a otros *para preguntarles si estaban durmiendo?*

Súper Acción

Un voluntario se ofreció para una peligrosa misión que consistía en inutilizar una estación de ferrocarril, para lo cual le hicieron entrega de granadas y bombas incendiarias. Regresó media hora después, con todo el equipo completo.

–*Misión cumplida, mi comandante. La estación ha quedado incomunicada.*

–¿Sin tirar una sola bomba? ¿Cómo lo hiciste?

–*Muy sencillo. Entré en la caseta del vendedor, le robé todos los billetes y cerré la ventanilla.*

–¿Qué le falta a la mujer para ser perfecta?

–*Tener los dientes salidos para poder abrirte la cerveza.*

–¿Qué tiene una mujer de cuarenta entre las tetas que no tiene una de veinte?

–*El ombligo.*

Las mujeres son como las monedas: algunas se regalan, algunas las ganas, pero *al final no sirven para un cuerno.*

El manager del boxeador al empresario.

–Mi pupilo no sirve para peleas cortas. Él necesita de 12 rounds para arriba.

–*Pero yo no puedo darle una pelea de 12 rounds a un principiante. Tendrá que empezar con una de 6.*

Se presentó el boxeador y lo noquearon en el primer round.

–¿Lo ve? Ya le dije que no servía para peleas cortas.

¿Alguna vez fueron al baño en una fiesta, apretaron el botón y el agua del inodoro comenzó a subir y a subir? *¡Es el momento más aterrador en la vida de cualquier ser humano!*

Súper ¡Ah!

Cuando *Los Tres Reyes Magos Gallegos* llegaron al pesebre en Belén salió Manuela, la comadrona, secándose las manos y les dijo:
–*¡Fue niña! ¡Fue niña! ¡Fue niña!*

–*¿Sabes cuál es la diferencia entre el papel higiénico y la cortina de la ducha?*
–No.
–*¡¡¡Conque fuiste tú!!!*

–Los políticos son como los teléfonos públicos. *Se tragan el dinero pero casi nunca trabajan.*

Manolín frente al espejito mágico:
–*Dime, ¿quién es la doncella más bonita de toda la comarca gallega?*
–¡Sigue siendo Blancanieves, *mariconazo*!

El gallego Paco despertó en un hospital.
–Usted resultó herido gravemente en un accidente. Dígame su nombre así puedo informarle a su esposa.
–No es necesario. Ella ya conoce mi nombre.

Entró el argentino Chelo Díaz a un bar y le dijo al camarero:
–*Oiga, ¿tiene Winstons sueltos?*
–No, no tenemos.
Al día siguiente fue otra vez y pidió lo mismo.
Y así cinco o seis días.
Hasta que el camarero le contó a su jefe lo que sucedía.
–Bueno, tranquilo. Ve hasta el quiosco, compra tres o

• • • • • • • •
Paquito era tan pero tan pero tan pequeño que no tenía padres.
• • • • • • • •
Era tan pero tan amigo de lo ajeno que lo tuteaba.
• • • • • • • •
Lo único que bebo es soda porque combina bien con cualquier cosa.
• • • • • • • •

cuatro Winstons sueltos y cuando el tipo venga se los vendes.

Al día siguiente volvió el tipo:

–*Che, ¿tienen Winstons sueltos?*

–Sí, hoy sí que tenemos. ¿Cuántos quiere?

–*Deme veinte.*

En el tren Barcelona-Madrid se armó una partida de poker en el compartimiento 102.

Todos jugaban, menos un argentino corpulento y muy serio.

–*¿Usted por qué no juega?*

–Yo no puedo jugar. ¡Soy el proveedor del rey!

–*¡¡¡De don Juan Carlos!!!*

–No, del que organizó la partida: cuando le faltan uno o dos reyes para ganar, *yo se los proveo.*

–Doctor, estoy agonizando. Le ruego que sea sincero.

–*Sí, por supuesto Manolo, ¡cuente conmigo!*

–Doctor: ¿debo o no debo pagarle?

–Una señora obesa y otra delgada caminaban debajo de un paraguas. ¿Cuál de las dos se mojó más?

–*Ninguna. ¿Quién dijo que estuviera lloviendo?*

Bernardo "Bernie" Giménez era uno de esos típicos empresarios argentinos que había conseguido amasar una enorme fortuna.

Al fin de un año, reunió a todos sus empleados en una cena. Hubo champán, alegría.

A los postres, Bernie dijo un breve pero consistente dis-

• • • • • • • •
Era tan pero tan gordo que en tiempo de guerra quisieron disolverlo creyendo que era un grupo.

• • • • • • • •
–*¿Cómo se insultan los hipopótamos?*

–¡Hipoputa!

• • • • • • • •
–No piense mal de mí, señorita, mi interés por usted *es puramente sexual.*

• • • • • • • •

curso cuyas últimas palabras fueron:

–Recuerden: hay cientos de formas de ganar mucho dinero. Pero ¡sólo una honesta!

–¿Cuál es? ¿Cuál es?

–¿¿¿Y cómo carajo voy a saberlo???

–¿Qué necesita un hombre para entrar a la policía?

–Dos fotos y ser bruto.

–¿Y una mujer?

–Dos fotos.

. . . .
A la mañana no desayuno *porque pienso en ti;* al mediodía no almuerzo *porque pienso en ti;* a la tarde no meriendo *porque pienso en ti;* a la noche no duermo porque *¡¡¡tengo un hambre!!!*
. . . .

–¿Cómo se hace gozar a una esposa en la habitación?

–*Se le dice:* "¡Qué lindas sábanas compraste!"

–¡Cualquiera vuelve a confiar en ti Manolo!

–¿*Por qué?*

–Dices que quieres casarte conmigo ¡*y ahora resulta que es verdad!*

–Dime, amor, si yo no tuviese un ojo, ¿te casarías conmigo?

–*Ésa es una pregunta difícil de contestar.*

–Bueno, entonces déjame llevar el paraguas a mí.

Súper Aire

En las aerolíneas de Galicia son tan pero tan gallegos que en lugar de películas *proyectaban las colitas de los filmes que pasan en las otras compañías.*

Las aerolíneas gallegas son tan pero tan gallegas que cobran alquiler *si alguien usa el oxígeno de las mascarillas.*

Es tan pero tan mala la comida en las aerolíneas gaitas que las azafatas piden a los pasajeros *que se ajusten los cinturones en la boca.*

Los de las aerolíneas gallegas sirven dos comidas: una durante el vuelo y *otra durante el tiempo que hay que esperar el equipaje.*

–¡Mira, papá, un avión macho!
–No, pequeño, aquello son las ruedas.

En algunas aerolíneas gallegas no sirven almuerzo. Aterrizan junto a un McDonald's y gritan: *¡Quince minutos para comeeeeer!*

Aerolíneas gallegas:
–¡Azafata! Ésta es la peor carne que he comido en *mi vida. ¿Es que no saben cómo servir un buen plato? ¡Tráigame otro inmediatamente!*
–¿Es para llevar o para comer aquí?

El gallego Pepe era tan pero tan confiado que no cerraba ni la boca.

–¿Cuál es el santo de los tontos?
–San Dez.

Sometido: Recriminación a un curioso.

El mejor momento para comprar un coche usado es *cuando es nuevo.*

33

Súper Amor

–Se nota que te has casado, Pepe, llevas muy bien planchada la ropa.
–*¡Coño, claro, si es lo primero que me ha obligado a hacer mi esposa, Paco!*

–¡Estoy asqueado de hacer el amor, María!
–*No te preocupes, Paco. A partir de hoy, cada vez que regreses del trabajo, lo tendré hecho.*

–Después de la discusión, mi esposa vino hacia mí de rodillas, ¿sabes?
–*Y ¿qué te dijo?*
–¡Sal, cobarde, hijo de puta, de debajo de la cama!

–Mamá, ¿qué es el orgasmo?
–*¿El orgasmo? Escúchame bien. Me casé a los diecisiete años, he trabajado como una bestia toda mi vida, he tenido siete hijos. ¿Y tú crees que me ha quedado tiempo para ocuparme del orgasmo?*

Paco frente a la prosti.
–¿Cuánto?
–*Cinco mil.*
–¡Uy, no tengo tanto dinero! Pero te apuesto quinientas pesetas a que soy capaz de follarte sin que te enteres.
–*Eso es imposible, cabrón. Acepto la apuesta.*
Lo hicieron.
–¿Lo ves? ¡Me he enterado! ¡Vaya si me he dado cuenta de que estabas follándome a lo bestia!
–*¡Vale, vale! He perdido la apuesta; aquí tienes las quinientas pesetas.*

Compartir significa que él la convenza de hacer lo que él quiere.

El amor es ciego... el matrimonio *le* devuelve la vista.

Sé diferente, *ama a* tu suegra.

El amor es el único deporte que no se interrumpe *por falta de luz.*

Súper Animales

La elefanta le preguntó a sus tres hijos:
—¿Cómo les gustaría ser cuando sean grandes?
—*Yo quisiera tener unos colmillos enormes.*
—¿Y para qué?
—*Para pelearme con leones y tigres, y vencerlos.*
—¿Y tú?
—*A mí me gustaría tener la trompa bien larga para agarrar los árboles con más fuerza.*
—¿Y tú? ¿Qué deseas?
—*Yo quiero tener las pestañas bien largas.*
—Y ¿para qué?
—*Ay, no sé, ¡mariconerías mías, mami!*

—*¿Es tuyo ese perro que me ha robado la carne?*
—*Era* mío. Ahora trabaja por su cuenta.

—¿Cómo se mete un elefante en una nevera gigante?
—*Abres la nevera, metes al elefante y cierras la nevera.*

¿Cómo hacía Tarzán para estar *siempre afeitado?*

El animal más fiero no es el león, es el *"lopintan"*. Porque *ya se sabe,* "el león no es tan fiero como lo pintan".

Cuando voy por la calle me dicen siempre: "Hoy estás muy mona".

Chita

—¿Y una jirafa adentro de la nevera?
—*Abres la nevera, sacas al elefante, metes a la jirafa y cierras la nevera.*

—*El rey león hizo una fiesta con todos los animales. ¿Quién faltó?*
—*La jirafa... porque estaba en la nevera.*

—¿Cómo cruzas un lago lleno de tiburones?
—*Caminando. Porque están en la fiesta del rey león...*

Súper Argentino

Así son los argentinos :
El argentino no se emborracha: *se pone en pedo.*
El argentino no te llama por teléfono: *te pega un tubazo.*
El argentino no saluda: te dice *"¿Qué haces, boludo?"*
El argentino no se cae: *se va a la mierda.*
El argentino no es ahorrativo: *es un canuto.*
El argentino no espía: *es un mirón.*
El argentino no se burla: *te bardea.*
El argentino no se enamora: *está hasta las manos.*
El argentino no convence: *te hace la cabeza.*
El argentino no te conquista: *te echa los galgos.*
El argentino no besuquea: *te transa.*
El argentino no bebe: *chupa.*
El argentino no acaricia: *franelea.*
El argentino no molesta: *rompe las pelotas.*
El argentino no se baña: *se pega una ducha.*
El argentino no se alimenta: *come como un hijo de puta.*
El argentino no se molesta: *se calienta.*
El argentino no te golpea: *te caga a palos.*
El argentino no te ordena: *te caga a pedos.*
El argentino no tiene amantes: *tiene amigovias.*
El argentino no sufre de diarrea: *se caga encima.*
El argentino no fracasa: *se jode.*
El argentino no sale corriendo: *sale cagando.*
El argentino no se dispersa: *se cuelga.*
El argentino no toma siestas: *torra un toque.*
El argentino no ríe a carcajadas: *se caga de risa.*
El argentino no está en problemas: *está enquilombado.*
El argentino no va rápido: *va a los pedos.*
El argentino no corre ligero: *va a las chapas.*
El argentino no va de parranda: *se va de joda.*
El argentino no es molesto: *es un pesado, un denso o un hincha pelotas.*
El argentino no está activo: *está re-pilas.*
El argentino no es listo: *es un vivo.*
El argentino no pide que lo lleven: *pide que lo tiren.*
El argentino no es un tipo alegre: *es un copado.*

Ladrón que roba a ladrón... vive en la Argentina.

Pez que lucha contra la corriente *muere electrocutado.*

El argentino no es un tipo bueno: *es de primera.*
El argentino no es un buen amigo: *es de fierro.*
El argentino no está aburrido: *está al pedo.*
El argentino no es un tipo tremendo: *es un hijo de puta.*
El argentino no hace algo mal: *le sale para el culo.*
El argentino no dice la verdad: *dice la posta.*
El argentino no habla claro: *te bate la justa.*
*Además, ¡¡¡es Argentino!!! Y eso... ¡¡¡*no tiene nombre!!!

–¿Por qué cuando hay tormenta con relámpagos los argentinos miran al cielo y sonríen?
–*No sé.*
–Porque creen que Dios les está sacando una foto.

Graffiti en una calle de Galicia:
"Si hubiera conocido antes a los argentinos no habría matado tanto judío". Adolf Hitler.

Noticia difundida por una radio madrileña:
–*¡Último momento! Tenemos que comunicarles una buena y una mala noticia. Primero la mala: han descendido seres extraterrestres en la frontera con Francia. Hemos podido establecer que estos seres comen argentinos y mean gas. Ahora la buena noticia: ¡Vienen hacia aquí!*

Espléndida tarde de sol. Discutían los loquitos en el hospicio gallego.
Manolo, subido a un banco, gritaba:
–*¡Soy el Mesías! ¡He venido a salvaros! ¡He venido a*

Lo importante no es ganar sino hacer perder al otro.

A unos la vida les sonríe, a otros se nos muere de risa en la cara.

repartir paz y alegría! ¡Dios me ha encargado que os diga...!

El argentino gritó disgustado:

—Pará, pará, pará un poco que ¡yo no te encargué un carajo! Si querés hablá por vos, *pero a mí no me metás, ¿está claro?*

El turista argentino sufrió un ataque al corazón.

—*Vea, ha sufrido usted un ataque muy fuerte. Tendremos que hacerle un trasplante.* Le pondremos un corazón nuevo.

—¿Uno sólo? Pero no, viejo, ¡deme dos!

—¿Cómo llaman a los argentinos en Galicia?

—*Ni idea.*

—Espermatozoides.

—¿Por qué?

—Porque sólo trabaja uno de cada 3.000.000.

Discutían un gallego y un argentino:

—*Ustedes los gaitas son todos unos cagones, viejo.*

—Anda que vosotros los argentinos ¡si hasta habéis perdido la guerra de las Malvinas!

—*Pero, ¿qué decís, bolú? ¡Nosotros no perdimos! ¡Salimos segundos!*

Bill Clinton recibió en su despacho la visita de Dios, quien le anunció una buena noticia y una mala noticia.

—*Billy, la buena noticia es que Yo existo, como podrás apreciar. Y la mala noticia es que dentro de una semana acabará el mundo.*

Consternado, Clinton envió una mensaje a su pueblo a través de la cadena CNN:

—Pueblo de los Estados Unidos: debo darles una buena

noticia y una mala noticia: *Dios existe, pero dentro de una semana se acaba el mundo.*

Boris Yeltsin recibió la visita de Dios, quien le dio la misma buena noticia y la misma mala noticia que había comunicado a Clinton. Aterrorizado, Yeltsin envió un mensaje al pueblo ruso en los siguientes términos:

—Compatriotas, debo darles dos malas noticias: *Dios existe, y dentro de una semana se acaba el mundo.*

Carlos Menem recibió también la visita de Dios, quien le comunicó la buena y la mala noticia que antes anunciara a sus colegas.

Radiante, Menem envió un mensaje al pueblo argentino a través de la Cadena Nacional de Radiodifusión:

—Compañeros: debo darles dos buenas noticias. Primero, Dios existe y, segundo, dentro de una semana se acaba la desocupación.

Los nuevos ricos argentinos en Ezeiza. Habían ganado toneladas de dinero vendiendo ropa.

—*Che, Beto, ahora que te vas a Europa a lo mejor hasta podés comprarte un Goya.*

—¿Un Goya? Dejate de joder, viejo. ¡Estoy hasta las pelotas de los *autos japoneses!*

El ministro argentino concurrió a un acto oficial en Bolivia. Alguien le presentó al Ministro de Marina. El ministro argentino no pudo contener la risa.

—*Pero ¡si Bolivia no tiene mar!*

—¿Y ustedes acaso no tienen Ministro de Justicia?

El argentino Cachito Prochieto se encontró con su amigo el judío.

—*Samuel, ¿cómo has hecho tanto dinero?*

—Inventé una máquina de hacer pis.

—¡*Muy, muy interesante! ¿Cómo es esa máquina?*

Un montón de mujeres no queremos igualdad con los hombres.
No estamos dispuestas *a descender un escalón.*

Me encantaría conocer a una mujer que tuviese la cabeza muy bien puesta sobre sus hombros...¡odio *los cuellos!*

39

–Frente a mingitorio puse una máquina a la que hay que ponerle una moneda. Sale mano de goma, baja cierre, saca pito, hace pis, guarda pito, sube cierre.

–¡¡¡Qué maravilla!!! ¿Podrías prestarme la máquina para ver si puedo hacer yo también algún dinero?

Samuel se la prestó.

Meses después se encontraron.

Cachito había hecho ¡tres veces más dinero que Samuel!

–¿¿¿Cómo hiciste más dinero que yo???

–Al lado de tu máquina puse otra máquina, igual a la tuya. Hay que poner una moneda: sale mano de goma, baja cierre, saca pito, hace pis, guarda pito, sube cierre. Igual a la tuya. Con una diferencia: la mía no suelta la picha hasta que se pone otra moneda.

Decía el porteño:

–Mi viejo era tan pobre que cuando pagaba el alquiler dos meses consecutivos, la policía llegaba a preguntar *cómo había conseguido el dinero.*

–Pedro:¿Tú qué piensas de los derechos de las mujeres?

–A mí me gustan todos los lados de las mujeres.

–Salí con esta flaquita varias veces. Le regalé libros, la llevé al cine, la invité a tomar cerveza... ¿Creés que debería besarla?

–No pibe...¡¡¡Ya hiciste bastante por esa chica!!!

Súper Astuto

Un químico, un biólogo y un ingeniero electricista fueron condenados a muerte en la silla eléctrica. El químico fue llevado primero.

–*¿Hay algo que quieras decir?*

–No.

El verdugo bajó el interruptor... ¡*Y no pasó nada!* De acuerdo con la ley, si una ejecución falla, el prisionero tiene que ser liberado; así que el químico fue puesto en libertad. Entonces le tocó el turno al biólogo.

–*¿Hay algo que quieras decir?*

–No, haz lo que tengas que hacer.

El verdugo bajó el interruptor... ¡*Y otra vez no pasó absolutamente nada!*

El biólogo fue liberado.

Entonces le tocó el turno al ingeniero.

–*¿Hay algo que quieras decir?*

–Sí. Si cambias de lugar ese cable rojo con el azul, es seguro que este aparato funcionará.

- - - - - - - -

–¿Por qué los elefantes no tienen colmos?

–*Porque tienen colmillos.*

- - - - - - - -

–¿Cuál es el peso ideal para un abogado?

–*Un kilo y medio incluyendo la urna con las cenizas.*

- - - - - - - -

Los padres de Cachito notaron que el niño tenía el pene muy pequeño para su edad y fueron a consultar a un médico. El doctor examina a Cachito y concluye:

–*No es nada serio, pero para que el pene crezca más rápido, deben darle al niño bacalao frito todos los días.*

Al día siguiente, Cachito entró en la cocina y vió un montón de bacalao frito en la mesa. La mamá le advirtió:

–*Cachito, toma un trocito y deja el resto para tu papi.*

Súper Atolondrado

–Las mujeres de hoy no son como las de antes, Paco.
–*¿En qué te basas para decir eso, Manolo?*
–Pues, en que las de antes *son más viejas*.

El argentino:
–*Dios... ¡dame una naranja!*
En ese mismo momento, una naranja cayó en su mano.
–*¡Pelada, boludo, pelada!*

–*Manolo, tenemos que cambiar al bebé.*
–Como quieras. Pero no creo que nos den otro. ¡Éste es tan feo!

–¿Cómo se llama en Italia a alguien que tiene un brazo más corto que el otro?
–*Impedido de hablar.*

–¿Por qué las vacas tienen una neurona más que las mujeres?
–*Para que no se hagan caca en la cocina.*

· · · · · · · ·
El Tercer Mundo se muere de hambre. El Primero y el Segundo, *de colesterol.*
· · · · · · · ·
Hay un mundo mejor... ¡pero es carísimo!
· · · · · · · ·
Era tan pero tan tonta que *vendió la casa para comprar las ventanas.*
· · · · · · · ·
Era un piragüista tan pero tan precavido que *se hizo operar de cataratas.*
· · · · · · · ·

Súper ¡Ay!

–¿Cuál es la diferencia entre una mujer que hace el amor con un hombre común y una mujer que lo hace con un ciego?

–*La mujer que lo hace con un hombre común dice "¡Ay! ¡Ay! ¡Ay!" y la que lo hace con un ciego dice "¡Ahí! ¡Ahí! ¡Ahí!".*

El gallego Pepe Muleiro decidió viajar en el aparato súper moderno de Iberia.

Se trataba de un avión con lo más avanzado en tecnología.

A mitad del viaje, Pepe sintió unos irrefrenables deseos de cagar.

Fue hasta la zona de baños pero estaban todos ocupados.

–*Señorita, tengo que hacer lo que tengo que hacer ya mismo o me cago...*

–Mire, lo voy a dejar entrar al baño especial de las azafatas, pero le pido que, por favor, no toque ningún botón del tablero.

Pepe entró, hizo lo suyo, pero no pudo resistir la tentación.

Aún sentado en el inodoro, vio que frente a él había cuatro botones.

El primero tenía inscriptas dos letras: *AT.*

Lo apretó.

Comenzó a salir tal como lo indicaban las iniciales, Agua Tibia *que lo lavó deliciosamente.*

El segundo botón decía: *AF.*

Comenzó a salir un Aire Fresco *que le dejó el culito sequito, sequito.*

El tercer botón sólo tenía una letra: *T.*

Lo apretó.

Desde abajo, salió un delicado cisne que le puso Talco *perfumadito.*

Pepe estaba encantadísimo.

Confiado, apretó el último botón que decía: *RAT.*

Despertó dos días después en el hospital. Junto a él

Lo más parecido a la eternidad: un mes sin sueldo.

• • • • • • • •

Mujer Gripe: Todo el mundo la tuvo o la ha tenido.

• • • • • • • •

Quien es capaz de sonreír cuando todo le está saliendo mal es porque ya tiene pensado a quién va a echarle la culpa.

• • • • • • • •

estaba la azafata que le había recomendado que no tocase los botones.

–¿Qué me pasó? ¿Qué me pasó, coño?

–¡Yo le dije que no tocara los botones! Seguro que hasta el que tenía una T le fue bárbaro y el Talco le encantó. Pero *RAT* quiere decir: *Recambiador Automático de Tampones.* A propósito: *su polla está debajo de la almohada.*

Era un negro tan pero tan pesimista que *todo lo veía blanco.*

–*Si el oxígeno fue descubierto por Joseph Priestley en 1774...* Entonces ¿qué respiraba la gente antes de ese año?

–¿*En qué puerta sale el avión para Madrid?*

–E-e-e-e-en la pu-pu-pu puer-puer-puer-puerta do-do-do-doce. Si no me me me me hu- hu- hu-hu-hu-hu-hubiese pre-pre-pre-pre-pre-gun-gun-gun-gun-ta-ta-ta-ta-preguntado a mí lo lo lo hu-hu-hu-hu-hu-hu-hubiese al-al-al-alcanzado.

–¡*Es usted encantadora!*

–¡Qué casualidad... es lo mismo que me ha dicho Pepe!

–*No le haga caso a Pepe. ¡Es un mentiroso!*

Abstinente: Persona débil que se deja llevar por la tentación de negarse un placer.

· · · · · · · ·

La raza humana tiene un arma verdaderamente eficaz: *la risa.*

· · · · · · · ·

Bombón: Alimento que está 10 segundos en la boca, media hora en el estómago y toda la vida en la cadera.

· · · · · · · ·

Súper ¡Bah!

Sonó el teléfono a las seis de la mañana. Manolo había estado de juerga toda la noche.

–*Voy para casa, Paca.*

–Bueno, parece que al fin has decidido que el hogar es lo mejor, Manolo.

–*No necesariamente, Paca: es el único lugar que está abierto a esta hora, ¡joder!*

–*Suspenda la búsqueda de mi esposa, comisario.*

–*¿La ha encontrado?*

–*No, he reflexionado.*

Un servicio telefónico de consuelo para ateos.

–*¿Cómo es?*

–*Uno llama y no contesta nadie.*

En el restaurante:

Manolo acababa de comer como una bestia.

–*¿Desea la cuenta el señor?*

–No, gracias; no quiero *nada más.*

En pleno juicio de divorcio, habla la esposa:

–Señor juez, ésta fue mi versión de la historia. Ahora le voy a contar *la de él.*

La pareja tan sólo llevaba dos semanas de casados. El marido ya andaba con ganas de irse de parranda:

–*Mi vida, ya vuelvo...*

–¿Estás diciéndome que vas a salir, a dónde vas cariño?

–¡¡¡Ponte los pantalones de pana!!! Y *Pana* se quedó sin pantalones.

· · · · · · · · ·

No me digas tonto, porque *me acuerdo de tu padre.*

· · · · · · · · ·

45

–Al bar, mi cielito, a tomarme una cervecita.

–¿Quiere cervecita, mi amorcito?

Abrió la puerta de la nevera y le enseñó veinticinco marcas de cerveza de doce países diferentes.

–¡Ay mi pichurri! Pero en el bar, tú sabes, la jarra helada...

–¿Quiere jarra congelada, mi amorcito?

Sacó del congelador una jarra helada, congelada, blanca...

–Sí, pero en el bar sirven unas tapitas riquísimas. Vuelvo enseguida. ¿Sí?

–¿Quiere tapitas, mi amorcito?

Abrió el horno y la nevera y sacó quince platos diferentes de tapas... Aceitunas, patatas, cacahuates, palomitas, quesos, paté, caviar, carnes frías.

–Pero, en el bar, tú sabes, los insultos, las palabrotas y todo eso...

–¿Quiere palabrotas, mi amorcito? Entonces, ¡¡¡te tomas la puta cerveza, en la jodida jarra helada y te comes las malditas tapas, *pero de aquí no sales, cabronazo*!!!

El gallego Manolo era tan pero tan puntual que *era redondo.*

*–¿*Cómo consigues convencer a tu marido de que te lleve todos los días a cenar afuera?

–Es muy simple. Primero le explico a mi marido qué voy a cocinarle para cenar...

Manolo era gastronómico y se fue a pasar sus vacaciones en una isla del Caribe.

Se deslumbró con un restaurante en el que había un enorme tanque de agua con *langostas vivas* que el cliente elegía para que le preparasen en el momento.

Apenas regresó a Galicia, Manolo *copió el modelo.*

Puso un enorme tanque de agua en su restaurante.

Cada cliente, con una red, *podía sacar del agua la chuleta que prefiriese.*

No es lo mismo mucho éxito con tu cerebro *que* celebro mucho tu éxito.

· · · · · · · ·

República: Una mujer sumamente conocida.

· · · · · · · ·

–¿Con quién se casaría Marina?
–Con un náufrago.

· · · · · · · ·

Súper Baile

Una joven pareja judía ortodoxa se entrevistó con su rabino, pocos días antes del matrimonio, para pedirle consejos. El joven tímidamente le preguntó si era posible hacer una excepción a las estrictas normas que rigen la vida de la ortodoxia.

–Rabino: ¿es posible que sólo por esta vez los varones puedan bailar con las mujeres?

–¡De ninguna manera!

–Pero rabino: es nuestra boda... ¿Voy a poder bailar con mi esposa en mi propia fiesta?

–¡No! ¡Terminantemente no!, sería una falta total de pudor, y además una violación a nuestras tradiciones. Hombre y mujeres siempre han bailado separados, y así seguirán.

–¿Y después de la ceremonia?

–¡No insistas! ¡No se puede! ¡Está prohibido y se acabó!

–Bien, de bailar ni hablar, pero ¿sexo? ¿Podemos tener relaciones?

–¡Por supuesto! Dentro del matrimonio el sexo es una *mitzvah*, una buena acción para tener hijos.

–¿Podemos ensayar diferentes posiciones?

–Sí, claro.

–¿El hombre arriba?

–¡Desde luego!

–¿La mujer arriba?

–Ningún problema. Es una *mitzvah*.

–¿Estilo perro? ¿Arriba de la mesa de la cocina?

–Seguro, pero cuidado con los objetos cortantes...

–¿Sobre sábanas de goma, con un balde de miel y aceite tibio, mirando un video porno?

–¡Sí!

–¿Con un par de aparatos, un arnés de cuero, un látigo de cinco puntas?

–Seguro... Otra *mitzvah*.

–¿De parados?

–¡No; de parados no! ¡Dios no lo permita!

–¿¿¿Y por qué de parados no???

–Porque de parados ¡parecería que están bailando!

En el lugar más visible de un bar, el propietario colocó el siguiente anuncio:
"Si le parece que los colores del televisor están demasiado brillantes, es hora de dejar la bebida. Este televisor es en blanco y negro."

Súper Bestia

La gallega Muleiro llegó a la oficina, con un espléndido abrigo de pieles.

–*¿Cómo lo has conseguido?*

–Ha sido muy simple. Ayer por la noche conocí a un señor que me invitó a cenar y luego a su casa para beber una copa de champaña. En su casa, abrió un armario que estaba lleno de abrigos de piel, y me dijo que escogiera uno de ellos; yo escogí el de visón.

–*¿Y qué tuviste que hacer?*

–¡He tenido que acortarle las mangas!

–*¿Sabe usted quién es la persona más vieja de aquí?*

–Que yo sepa... ahora nadie. Porque la más vieja murió la semana pasada.

Manolito trataba de aprobar Historia.

–En la antigüedad, para hacer fuego, golpeaban dos piedras y en cuanto saltaban las chispas, arrimaban un papel.

Eran gallegos y gemelos.

–¡Qué parecidos son ustedes!

–*Sí, somos tan iguales que a veces no sabemos cuál es el de barba.*

Dos marineros gallegos habían naufragado.
Desde hacía más de un mes, se encontraban en una isla desierta. Se aburrían.

–*¿Jugamos a las adivinanzas? A ver si adivinas quién soy... Se trata de una gran diva del cine. Soy rubia con*

Encuentre la paz... en Bolivia.

Los niños y las niñas nacen iguales en todo, *a los que no les funciona el cerebro les cortan el pene.*

A caballo regalado, *¡muchas gracias!*

grandes ojos verdes. Tengo noventa y cinco de pe-
cho, cincuenta de cintura y unas piernas larguísi-
mas... ¿quién soy?
–¡No sé, ni me importa! ¡¡¡Abrázame ya!!!

–*¿Por qué los gallegos usan latas de Coca-Cola*
como zapatos en el verano?
–No sé.
–*Porque son* re-frescos.

–*¿Te has fijado en esa chica del vestido rojo? ¡¡¡Es*
horrible!!!
–No seas bestia, ésa es mi hermana.
–*¡Disculpa! ¡No me di cuenta de que se parecía a ti!*

–¿Cómo se dice en africano "creo que estoy embarazada"?
–*Bombo supongo.*

Cuando Dios creo a Adán, éste le pidió una compañera
perfecta: alguien inteligente, agradable, sexy, divertida...
–*Claro que te la puedo hacer... pero eso te costará*
un brazo y una pierna.
–¡Hmm!... ¿Y qué podrías darme por una costilla?

El maestro enfadado:
–¿Por qué no viniste ayer?
–*Es que se murió mi abuelo.*
–Está bien, pero ¡que no se vuelva a repetir!

Súper Bichito

El Manolo había ido a comprar unas sardinas frescas. Como se le rompió el envoltorio, se las metió por dentro del pantalón.
Y se fue a tomar unos vinos.
Ya bastante cargado, le dieron ganas de mear.
Abrió la bragueta. Pero en lugar de sacar la polla, sacó una sardina.
Arrobado, se quedó mirándola hasta que reaccionó:
—¡Coñooooo! ¡En cuarenta años que tengo, es la primera vez que te veo los ojitos, guapa!

Era tan pero tan torpe que *cada tres por cuatro tropezaba en la misma piedra doce veces.*

—Pepe, te vendo un elefante en 50.000 pesetas.
—*Pero ¿estás loco, Paco? Yo vivo en un octavo piso, en un apartamentito de dos ambientes con mi mujer, mi suegra y ocho hijos.*
—Vale: te vendo dos por 70.000.
—*¡Eso ya es otra cosa!*

El gallego Paco estaba bastante preocupado porque encontró a su hijo varias veces masturbándose.
—Oye, Manolín: tienes que terminar de hacer esto. Tienes que conseguirte una esposa.
Manolín obedeció a su padre.
Una semana después de la boda, el gallego Paco encontró a su hijo masturbándose nuevamente.
—Pero, ¿estás loco Manolín? ¡Tu esposa es una muchacha muy bonita!
—*Lo sé, padre. Pero a veces se le cansa el brazo.*

Mi mujer acortó nuestra frecuencia de hacer el amor una vez al mes. Pero conozco a dos tipos a los que *se lo suprimió por completo.*

Tenía la vista tan pero tan cansada que *siempre la tenía que poner encima de una silla.*

Súper Bill

Cuando Bill, Hillary y Chelsea Clinton se fueron de vacaciones, encargaron a la señora de la limpieza que cuidara al loro. Dos días después el loro apareció muerto. La limpiadora se quedó horrorizada y decidió reemplazarlo. Después de recorrer medio Washington, encontró uno muy parecido. El dueño de la pajarería le advirtió que había pertenecido a una antigua madama de un prostíbulo, pero ese detalle no pareció preocupar a la señora. Cuando los Clinton regresaron a la Casa Blanca, el loro estaba en su jaula. A la mañana siguiente entró Chelsea al despacho. El loro se quedó mirándola y graznó:

–*Demasiado joven.*

Luego entró Hillary.

–*Demasiado vieja.*

Después apareció el presidente. El loro se limitó a decir:

–*¡Hola, Bill!*

–¿Cómo dejó Bill Clinton paralítica a Hillary de la cintura para abajo?

–*Casándose con ella.*

El sexo sin amor es una experiencia vacía. *Pero como experiencia vacía es una de las mejores.*

–¿Por qué dejó Bill Clinton de tocar el saxofón?

–Porque *prefiere el órgano.*

–¿Qué es lo peor que ha escuchado Bill Clinton mientras estaba en plena faena sexual?

–*¡Cariño, ya he vuelto!*

–¿Qué le cuenta Bill Clinton a Hillary después de practicar sexo?

–*Nada, ella se entera por las noticias de la tele.*

Súper Bobos

—*¿Por qué los gallegos ponen una cabrita en la entrada de sus casas?*
—Para tener alguien "cabra" la puerta.

—Dicen que el hombre desciende del mono, maestro.
—Bueno, no es seguro.
—*¿Y el gato?*
—Dicen que del tigre. Pero tampoco es seguro.
—*¿Y la araña? ¿De dónde desciende? Ésa seguro que desciende del techo ¿no?*

—Pepe Muleiro era un gallego muy sano y vital. Consiguió trabajo en un submarino, pero lo echaron a la semana.
—¿Por?
—Porque insistía en dormir con las ventanas abiertas.

El oficial:
—¿Y tú qué eres?
—*Yo soy vasco francés.*
—¿Y tú qué eres?
—*Yo soy vasco español.*
—¿Y tú qué eres?
El chino titubeó unos minutos pero al fin dijo decidido:
—*Yo soy vasco chino.*

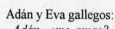

Adán y Eva gallegos:
—*Adán, ¿me amas?*
—¿Y a quién si no, coño?

—*He inventado un vehículo para viajar a los planetas y a las estrellas. Es muy económico, funciona a base de pedales.*
—¿Y cómo se maneja?
—*Igual que una bicicleta, sólo que en vez de pedalear hacia delante, se pedalea hacia arriba.*

Súper Brut

Manolo y Paco acababan de llegar a los Estados Unidos. Consiguieron trabajo para limpiar en una empresa de pompas fúnebres.

Lo primero que presenciaron fue un funeral de un tipo de mucho dinero al que estaban acomodando en un ataúd dorado, vestido con un traje de seda, anillos de brillantes y enormes cadenas de oro al cuello.

–¿*Ves Paco? ¡Esto es lo que yo llamo vivir bien, coño!*

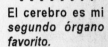

El cerebro es mi segundo órgano favorito.

El dinero es mejor que la pobreza, aunque sólo sea por razones económicas.

Cursos de Orientación: Para gente que no se encuentra bien.

El vampiro gallego atacaba a sus víctimas mientras estudiaba literatura, porque creía que "la letra con sangre entra".

–¿Por qué los zoólogos estudian las comunidades gallegas?

–*No sé.*

–Porque son la *más adelantada forma de vida animal.*

El gallego Muleiro era tan bestia que aprovechaba una verruga que tenía en el cuello como botón para abrocharse la camisa.

El gallego Muleiro es tan pero tan bruto que mejor no digo nada de él *o me desloma a garrotazos.*

–Esta cola que ves se la corté a un león en la selva virgen de Brasil, exponiendo la vida.

–*¡Hombre, Manolo! ¡Qué valiente! Pero de una fie-*

ra así deberías haberte traído la cabeza, ¡no la cola!
–No lo hice porque ya se la habían llevado, ¿sabes?

–¿Por qué estás tan preocupado, Pepe?
–*Por mi novia: se come las uñas.*
–¡Hombre! ¿Por eso? Casi todo el mundo se come las uñas.
–*¿De los pies?*

> Manolo *tiene cerebro. Pero todavía no le llegó a la cabeza.*

Manolo Muleiro, muy "diplomático", interrogó:
–*¿Edad, señora?*
–Veintiocho años.
–*¡Le pregunto su edad actual!*

> A Paco una vez le dieron la llave de la ciudad: *siempre se quedaba encerrado afuera.*

–¿Saben cómo son los siameses gallegos?
–*Vienen sin unir.*

> En realidad, Pepe tiene el cerebro de un idiota y, para colmo, *no quiere devolverlo.*

Era tan pero tan bruto que *vendió la moto para comprarse el casco.*

–¡Yo no sé cómo pueden saber los astrónomos cuándo hay eclipse, Manolo!
–*¡No seas gilipollas, joder! ¿Acaso crees que ellos no leen los periódicos?*

–*¿Es verdad que a tu tío lo mató una bala perdida?*
–No, se la encontraron en el estómago.

Gran final del Campeonato Gallego de Ajedrez.
Los dos grandes maestros estaban acodados sobre la mesa y contemplaban fijamente las piezas.

La radio, la televisión y los periódicos esperaban sin respirar el siguiente movimiento.

Pasaron horas. Más horas.

Pero nada pasó. Ni un movimiento. Más horas.

Hasta que el gran maestro gallego levantó la mirada:

–*¡Ah, coño! ¿Me tocaba a mí?*

Había un gallego tan pero tan cerrado *que en lugar de tener cojones tenía cajones.*

El gallego Manolo era tan pero tan cerrado *que lo contrataron como puerta blindada.*

El futbolista gallego era tan pero tan bestia *que remataba los goles con una pistola de 9 milímetros.*

Era una gallega tan pero tan cariñosa *que muy pocas veces te golpeaba después de besarte.*

–¿Qué haces, Manolo?

–*Voy para Madrid.*

–¿Y qué haces sentado ahí, en la carretera? ¿Esperas el autobús?

–*¿Para qué voy a esperar al autobús si me han asegurado que esta carretera me lleva a Madrid?*

El gallego Muleiro y su hijo se habían distanciado. Llevaban meses sin hablarse.

Un día, el hijo decidió reconciliarse con su padre llamándolo por teléfono.

Entonces lo llamó disimulando la voz.

Si estudiar da frutos, *que estudien los árboles.*

· · · · · · · ·

La virginidad es una enfermedad. *¡¡¡Yo vacuno!!!*

· · · · · · · ·

Cerillas: Una de las pocas cosas que se han hecho en este mundo con cabeza.

· · · · · · · ·

Bofetada: Aplauso unilateral.

· · · · · · · ·

—Buenas noches, señor Muleiro. Dígame: ¿Qué preferiría, un millón de dólares o una llamada de su único, querido y maravilloso hijo...?
—¿Un millón de dólares o mi hijo? ¡Espero que no seas mi hijo!

Sanatorio. Apareció el médico:
—¿Señor Muleiro?
—*Soy yo, doctor.*
—Debo informarle que su mujer ha quedado desfigurada en el accidente.
—*¡Oh, qué horror!*
—Pero le reconstruiremos el mismo rostro que tenía antes del accidente...
—*¡Oh, qué horror!*

. . . .
¡Y a mí que no me da por ser rico!
. . . .
¡¡¡Arrasaremos la aldea sin piedad!!!
Y Piedad se quedó sin arrasar la aldea.
. . . .
Errar es humano...
Herrar es equino.
. . . .
Si quiere ser más positivo, *pierda un electrón.*
. . . .

—*¿Y cuánto va usted a pagarme?*
—Depende de lo que trabaje.
—Uh... ¿tan poquitito?

El gallego Manolo era tan pero tan feroz que para aplaudir se ponía guantes de boxeo.

En pleno desierto se estropeó el coche de una pareja. Él se dirigió a una caseta telefónica que vio a la distancia, y volvió al rato.
—Dice la operadora que debe ser un espejismo, porque aquí no hay ningún teléfono.

En el congreso de Sociología:
—Hay en el mundo cien millones de personas que no comen. ¿Qué podríamos hacer para solucionarlo?

–*Investiguemos inmediatamente las causas de esa falta de apetito.*

–*¿De dónde sacaste ese polluelo, Manolín?*
–Oí que me decía tío, tío, pensé que era mi sobrino y me lo traje.
–*¡No, hombre! Decía pío, pío.*

Un señor iba por la calle con el puño cerrado por encima de la cabeza.
–Manolo ¿a qué partido político pertenece ese saludo?
–*¡Vaya! ¡Ya me robaron otra vez el paraguas!*

El gallego Paco era tan pero tan tonto que lo llamaban Autopista por sus salidas tan estúpidas.

Una joven solicitando empleo:
–¿Habla usted inglés?
–No, pero lo oigo muy bien.

Llegó un hombre corriendo a la estación del ferrocarril.
–¿El tren a Guadalajara?
–*¡Uh, ya salió hace mucho!*
–¿Cómo que se fue? ¡Si yo soy el maquinista!

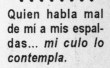

Quien habla mal de mí a mis espaldas... *mi culo lo contempla.*

Disculpen si les llamo caballeros, *pero es que no los conozco muy bien.*

¿Por qué los filmes de batallas espaciales tienen explosiones tan ruidosas, *si el sonido no se propaga en el vacío?*

Súper Bueno

–Dime, María, ¿cuándo un negro está seguro de que no lo persiguen más?
–*Cuando muere en Vietnam, Manolo.*

–¡Usted ha robado este Mercedes Benz!
–*¿Yooo? Está equivocado agente, si quiere, revíseme.*

Desde el barco vasco que se estaba hundiendo, el capitán se comunicó con el buzo:
–*Oye, Iñaki, sube que nos hundimos.*

–Mami, mami, ¿puedo ir a jugar?
–*¿Pero con esos agujeros en el pantalón?*
–No, con la nena de al lado.

–Nena, ¿quieres que te muestre dónde me operaron de apendicitis?
–*No, nene, odio los hospitales.*

–¡Qué lindo chico! ¿Es tuyo?
–*Sí, tiene la nariz del padre y los ojos de la abuela.*
–Sí, y tengo los pantalones de mi hermano.

El gallego Pepe compró un vagón para usarlo como casa de fin de semana.
Una tarde llegó Paco y lo encontró parado frente al vagón, fumando.

Las personas a las que nada se les puede reprochar tienen, de todas formas, un defecto capital: *no son interesantes.*

Decir la verdad lo puede hacer cualquier idiota. *Para mentir hace falta imaginación.*

–¿Por qué no entras en tu vagón, Pepe?
–¿No sabes que adentro dice: *Prohibido fumar?*

–Por favor, Paca, ¿cuánto tengo desde aquí a la estación?
–*Más o menos dos kilómetros.*
–¿A pie o en auto?

–¡Ya no me tomas en serio, Paco!
–¡No me jodas María! ¡Debes estar bromeando!

Era tan pero tan pobre que *en vez de dar a luz dio a oscuras.*

–¿Cuánto es veinte menos diez?
–*Cuarenta menos treinta.*
–¡Un momento! ¿Tú conoces ya este juego?
–*Te juro que no.*
–Entonces has perdido.

A una criada se le cayó al suelo toda la vajilla pero, educada en la alta escuela, le dio la noticia así a su patrona:
–Señora, su vajilla que antes era de 36 piezas, ahora es de 52.

Era una iglesia tan pero tan baja que el cura en vez de decir *"de rodillas"* decía *"cuerpo a tierra".*

Estética: Cirugía para cuando la teta es pequeñica.

· · · · · · · ·

Modestia: Esperar a que los demás descubran por sí mismos tu grandeza.

· · · · · · · ·

Felices son los que nada esperan porque *nunca serán defraudados.*

· · · · · · · ·

Súper Bus

—Pero ¿qué hace? ¿en qué está pensando? ¿Cómo atraviesa el lobby del hotel en pijamas?

—*¡Es que soy sonámbulo!*

—Aquí no está permitido pasearse en pijama, sea cual fuere su religión.

Manolo era ateo.

Su hijo Manolín estaba preocupado.

—*Dime padre: ¿tú crees que Dios sabe que* nosotros no *creemos en él?*

Era tan pero tan rico que *se lo comieron de postre.*

Hotelito en Galicia:

—*¡Podría haberme dicho que la habitación estaba llena de moscas!*

—¡Joder, hombre, suponía que ya se daría cuenta solo!

—*No voy a volver a salir con Manolo.*

—¿Por qué hija?

—*Sabe canciones con letras muy groseras.*

—¿Y se atreve a cantártelas?

—*No, pero me las silba.*

Una señora se subió al autobús, no tenía cambio y dio un billete de cinco mil pesetas. El conductor, para vengarse, le dio el vuelto en monedas, hasta que le llenó las palmas de las manos.

—Me ha dado de menos. Por favor cuéntelo otra vez.

Súper Camarero

–¡Camarero, está metiendo su corbata en mi sopa!
–*No se preocupe: ¡no encoge!*

–¡Camarero, una mosca en mi sopa!
–*¿Cómo quiere que se la prepare? ¿Frita, asada o al ajillo?*

–¡Camarero, una mosca en mi sopa!
–*¿Y qué quería, una libélula?*

–¡Camarero, una mosca en mi sopa!
–*Ahora mismo se la traemos. ¡Sale una mosca para la mesa siete!*

–¡Camarero, una mosca en mi sopa!
–*¡Cállese señor, que los demás van a querer una!*

–¡Camarero, una mosca en mi sopa!
–*No puede ser, señor, si yo le puse dos.*

–¡Camarero, una mosca en mi sopa!
–*No se preocupe señor, no se la vamos a cobrar. ¡Cortesía de la casa!*

–¡Camarero, una mosca en mi sopa!
–*¿Alguna pieza en especial?*

Decía Pepe Muleiro:
–*No creo que la amistad entre el hombre y el perro resultaría duradera si la carne del perro fuese comestible.*

61

–¡Camarero, una mosca en mi sopa! ¿O qué clase de bicho es éste?
–Yo soy camarero. El especialista en insectos es el que atiende la mesa nueve.

–¡Camarero, una mosca en mi sopa!
–¿Una? ¿Y con cuántas la pidió?

–¡Camarero, una mosca en mi sopa!
–Perdón, se le olvidó al cocinero que estamos en vigilia.

–¡Camarero, una mosca en mi sopa!
–No entendí el tonito. ¿Es felicitación o reclamo?

–¡Camarero, una mosca en mi sopa!
–Así es. Me permití esa pequeña libertad. Espero que lo tenga en cuenta a la hora de la propina.

–¡Camarero! ¡Hay una mosca en mi torta!
–Lo sé, ¡¡joder! Es que las atrae la fruta podrida.

–¡Camarero! ¡Venga pronto! ¡Hay una mosca en mi sopa!
–¡Hombre, no se enfade!... ¿Qué cantidad de sopa puede comerse la pobre mosca?

Súper ¡Caray!

–Fui a una librería y compré un libro titulado "La princesa perdió aquello en el Palacio". ¿Y saben qué era?
–*Ni idea.*
–¡La Cenicienta! ¡Estos editores!

Llamaron a la puerta.
–*¿Quién es?*
–El Hombre Invisible.
Abrieron la puerta.
–*¡Tanto tiempo sin verlo!*

–*Mi esposa es una mujer de muy pocas palabras.*
–Qué suerte.
–*No te creas. Porque las repite y las repite, y las repite...*

–Quisiera un pañuelo de mujer para la cabeza.
–*¿De qué color?*
–Es igual. De todas maneras *va a venir mi mujer a cambiarlo,* así que...

–*¡La mujer de Paco sí que era fea!*
–No exageres, Manolo.
–*¿No exageres? Mira si sería fea que cada vez que iba a un hotel, el Paco colgaba un cartel en la puerta que decía:* ¡Por favor, moléstenos!

En medio de una campaña de lucha contra la droga, un inspector de policía le preguntaba a unos escolares:
–*Chicos, ¿ustedes tienen problemas de drogas en la escuela?*

Suicida: Asesino introvertido.

. . . .

Pagar: Verbo que sistemáticamente se conjuga con el futuro imperfecto.

. . . .

–La esclavitud no se abolió, se cambió a 8 horas diarias.

. . . .

¡Muerte a todos los *fanáticos*!

. . . .

63

–No, para nada. Aquí conseguimos *toda la que queremos*. Gracias, inspector.

El rockerito quería ser como Los Ramones.
Había compuesto un tema que se titulaba:
"Tengo lágrimas en los ojos mientras bailo porque la mujer que tengo entre los brazos es mi hermana."

–*¿Qué dijo el gallego cuando se enteró de que sólo usamos un cuarto de nuestro cerebro?*
–No sé.
–*Preguntó: "¿Y qué hacemos* con el otro cuarto?"

• • • • • • • • •
Intercambio de te- legramas:
"Ruego devolver caja que contiene pastel enviado por error".
Respuesta:
"Lo siento. Pastel comido por error".
• • • • • • • • •
A mí denme lo su- perfluo. *Lo nece- sario todos pue- den tenerlo.*
• • • • • • • • •

–*He roto mi compromiso con mi novio.*
–¿Sí? ¿Por qué?
–*Siempre anda con diferentes mujeres, pero lo de ayer fue el colmo. ¡Se casó con una de ellas!*

Un domingo el marido distraído se puso la bata de su mujer para abrir al lechero y éste le dio un beso.
–*Creo que la esposa del lechero debe tener una bata exactamente igual a la tuya.*

Por teléfono:
–¿Luis? Hablo desde San Sebastián. Estoy en un aprieto y necesito que me mandes cien mil pesetas.
–*¿Qué, qué? No oigo.*
–Que necesito cien mil pesetas.
–*No oigo nada, la línea está estropeada.*
Intervino la operadora:
–*Qué raro, yo oigo perfectamente.*
–¿Ah, sí? Pues mándele usted el dinero.

Súper Carta

Queridos papá y mamá:

Hace ya tres meses que estoy en la universidad. Me demoré para escribirles.
Siento mucho la demora, *pero ahora voy a ponerlos al tanto de todo.*
Antes de continuar, por favor, *siéntense.*
No continúen leyendo antes de sentarse.
Ahora ya estoy mejor, la fractura y el traumatismo craneano que *tuve al saltar por la ventana de mi cuarto en llamas* al llegar aquí están prácticamente curados.
Pasé sólo dos semanas en el hospital, mi visión está casi normal y *aquellas terribles jaquecas sólo vuelven una vez por semana.*
Como el incendio fue causado por un descuido mío, tenemos que *pagar cincuenta mil dólares* a la facultad por los daños sufridos, pero eso no es nada pues lo importante es que *estoy vivo.*
Felizmente, la empleada de la lavandería vecina lo vio todo.
Fue ella quien llamó a la ambulancia y *avisó a los bomberos.*
Ella también fue a verme al hospital y como yo no tenía adónde ir con *mi apartamento reducido a cenizas,* tuvo la gentileza de invitarme a vivir con ella.
En verdad es *un cuarto en un sótano,* pero es muy agradable.
Ella tiene el *doble de mi edad.* Estamos perdidamente enamorados y *queremos casarnos.*
Todavía no fijamos la fecha, pero será antes *de que su embarazo sea muy evidente.*
Por lo tanto, queridos padres, *seré papá.*
Sé cuánto ustedes ansían ser abuelos y estoy seguro de que acogerán a los bebes *(son trillizos)* con todo el amor y cariño que me dieron cuando yo era pequeño.
Lo único que está atrasando nuestra unión es una pequeña *infección que mi novia se contagió de su ex*

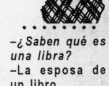

–¿ Saben qué es una libra?
–La esposa de un libro.

• • • • • • • • •

El colmo de un bombero es besar *sólo la boca de incendio.*

• • • • • • • •

65

marido y que nos impide hacer los *análisis prematri-*
moniales.

Yo también, por descuido, acabé contagiándomela, pero estoy mejor *con la penicilina que me inyectan dia-*
riamente.

Sé que ustedes la recibirán con los brazos abiertos en nuestra familia, *ella es muy amable y, aun no habien-*
do estudiado, tiene mucha ambición.

Aunque *no sea de nuestra misma religión,* sé que ustedes son tolerantes y sé que tampoco les importará el hecho de que su piel sea *un poco más oscura que la*
nuestra.

Estoy seguro de que *la querrán tanto como yo.*

Como *ella tiene más o menos tu edad, mamá,* se lleva- rán muy bien y se divertirán mucho juntas, pues como donde vivimos es muy pequeño, pretendo *regresar a casa*
con toda mi nueva familia.

· · · · · · · · ·
Patada: Un mon-
tón de patos.
· · · · · · · · ·

Sus padres, sus cinco hermanos y los dos hijos de su anterior matrimonio también son muy buenas personas. Parece que su padre es un mercenario famoso de la al- dea de África de donde ella proviene.

Ahora que ya saben todo, es preciso que les diga
que no hubo incendio ninguno, no tuve traumatis-
mo ni fractura en el cráneo, no fui al hospital, no
tengo novia, no tengo sífilis y no hay ninguna mu-
jer negra en mi vida.

La verdad es que saqué cero en Física, dos en Ma-
temáticas y uno en Biología (además me gasté todo
el dinero del semestre en un juego de poker) y quise
mostrarles que existen cosas peores en la vida que
notas bajas y una que otra pequeña travesura.

Un beso de su hijo que los quiere mucho, mucho, mucho.
(¡Ahh! Manden más dinero). ¡¡¡Nos vemos!!!

Súper Caza

–¿Cómo hace el gallego para atraer a los conejos cuando sale de caza?
–*No sé.*
–Anda por ahí imitando *el sonido de una zanahoria.*

–¿Sabes, Pepe? Sospecho que mi padre no me quería.
–*¿Por qué dices eso, hombre?*
–Cuando yo era pequeñito, me llevaba a cazar con él, y recuerdo que siempre me decía: *"Te doy un minuto de ventaja, ¡corre!"*

–*¿Me puede vender un conejo?*
–No tengo conejos, pero si quiere salchichas...
–*¿Y a quién le hago creer que he cazado salchichas?*

Un gallego se fue a Madrid y se convirtió en policía.
Un día lo mandaron a cuidar el orden en una manifestación comunista.
Ansioso por hacer su tarea, el gallego alzó su bastón y golpeó ferozmente la cabeza de un inocente espectador.
–Pero *¿por qué hizo eso usted? ¡Yo soy anticomunista!*
–¡Me importa un carajo *qué clase de comunista es usted! ¡A mí no me joda! ¡Marche preso y a callar!*

Paco y Pepe fueron de vacaciones al África.
Los dos gallegos participaron en un safari.
Mientras recorrían la selva, un animal que estaba agazapado saltó sobre Pepe, quien alcanzó a esquivarlo por milagro.
–*¡Coño! ¿Has visto cómo me pasó esa bestia? ¿Era un león o un leopardo, Paco?*

La barba de candado... ¿ayuda a mantener la boca cerrada?

Cuando el río suena ¿orgía de peces?

Si los Volkswagen sedán... ¿por qué *no* me regalan uno?

Si a rroba (@), ¿b lo atrapa?

—¿Cómo mierda quieres que lo sepa? ¿*Crees que soy peletero, joder?*

—¡Pepe! ¡Has dejado toda la noche la puerta de la jaula del león abierta!
—¿*Y qué? ¿Tú crees que alguien en su sano juicio va a atreverse a robar un león?*

Era tan pero tan millonario que *iba al psiquiatra porque tenía complejos industriales.*

Era tan pero tan pobre que *se compró una escopeta para ir tirando.*

—¿*Cuál es el colmo de un electricista?*
—*Que su mujer se llame Luz, y que sea muy positiva.*

El capitán del barco al marinero novato:
—En caso de naufragio, ¿a quién salvarías? ¿A los pasajeros o a mí?
—*A mí.*

—¿*Cómo se sabe que un gallego es muy educado?*
—Antes de mear en la pileta de la cocina, saca toda la vajilla.

Un grupo de aventureros gallegos decidió un viaje alrededor del mundo.
Partirían de La Coruña, darían una vuelta completa al globo y llegarían a La Coruña.
Salieron sin problemas. *La travesía fue perfecta.*
Cuando faltaban veinte kilómetros para llegar a La Coruña, su lugar de partida, se percataron de que el combustible se les estaba agotando.
Por lo tanto, ¡¡¡*resolvieron volver antes de que se les acabara!!!*

Súper Colmo

–¿Cuál es el colmo de un maestro de artes marciales?
–Tener un muy mal karate.

–¿Cuál es el colmo de un sastre?
–Tener un hijo botones.

–¿Cuál es el colmo de Pinocho?
–No tener madera de estudiante.

–¿Cuál es el colmo de un peluquero?
–Que le tomen el pelo.

–¿Cuál es el colmo de un electricista?
–Haberse casado con una mujer corriente.

–¿Cuál es el colmo de los colmos de una gallina?
–Tener patas de gallo.

Un líder obrero gallego quiso sindicalizar a los bomberos. La primera cláusula de su pliego de peticiones decía:
"En lo sucesivo, los bomberos ya no harán más trabajos a domicilio".

Retractarse: Tocmarse foctografías.

El trabajo dignifica al hombre, *lo que lo degrada son los sueldos.*

Manolo asistía al entierro de su esposa Paca. También estaba allí Pepe, el amante de la muerta.
Manolo, el esposo, estaba abatido, lloroso y resignado. Pepe, el amante, daba unos alaridos tremendos, lloraba desconsoladamente, tirándose de los cabellos y a punto de sufrir un infarto.
El marido se acercó a Pepe y con gesto amigable le dijo:
–*¡Tranquilo, Pepe: serénate! ¡Ya me volveré a casar! ¡Ya me volveré a casar!*

Súper ¿Cómo?

–¿Cómo se dice *"amarra el caballo en el palo"* en árabe?
–¿Cómo?
–*Atalajacalastaca.*

–¿Cómo se dice *"médico"* en japonés?
–*Yocuro Culito.*

Tardé tres coches y medio **en aprender a manejar.**

–¿Cómo se dice *"Campeón de tiro con arco"* en japonés?
–*Na sé.*
–*Yotiro Pokito.*

No importa quién lleve los pantalones *mientras haya* dinero en los bolsillos.

–¿Cómo se llama el campeón de salto de longitud japonés?
–*Yosalto Lejito.*

Cornudo: Tipo distraído que tiene una mujer feliz.

–¿Cómo se llama el Campeón de piano japonés?
–*Ni idea.*
–*Yotoko Toíto.*

Si él no te gusta, te persigue.
Si él te gusta, nunca te llama.
Si mueres de amor por él, es homosexual.

–¿Cómo se llama el campeón de billar artístico en japonés?
–*Tetoka Atí.*

–¿Cómo se le dice a quien se le ha roto el preservativo?
–¿Cómo?
–¡*Papá!*

–¿Cómo se ilusiona un mariquita?
–*No sé.*
–*Teniendo un novio cura: porque es todo bragueta.*

Súper Corno

–La verdad, Paca, es que esto del matrimonio no es lo que esperaba, estoy muy desilusionada...
–*¿Por qué lo dices María?*
–Fíjate que desde dos noches antes de la boda Paco no me ha vuelto a hacer el amor...
–*Eso es horrible... ¡deberías pedir el divorcio!*
–¡Pero si Paco no es mi marido!

–¡Ahora debo tener mucho cuidado para no quedar embarazada!
–*¡Pero si tu marido se ha hecho la vasectomía!*
–¡Por eso mismo! ¡Por eso mismo!

–¡Qué mala suerte tuvo mi hija! *El marido le salió cornudo.*

–¿Oye, tu mujer hace bien el amor?
–*Hombre, ¡qué quieres que te diga! Unos dicen que bien otros que mal...*

Era un matrimonio que cumplía sus bodas de oro, cincuenta años de casados.
–*Mi amor, cincuenta años juntos, qué felicidad. Pero más allá de todo esto quiero hacerte una pregunta, espero que no te moleste. ¿Me has sido infiel alguna vez, María?*
–No, mi amor, por supuesto que no.
–*Sinceramente dime, quiero saberlo, no es para discutir, sólo quiero saber nada más.*
–Bueno, te lo diré, te he sido infiel tres veces.
–*¿Tres veces? Bueno, en cincuenta años no es casi*

Amnesia: Lo que le permite a una mujer que ha parido volver a hacer el amor.

• • • • • • • •

Cuando vea sonreír a un corredor mañanero, *pensaré seriamente en hacer footing.*

• • • • • • • •

–Cuando escucho a Wagner durante más de media hora, *¡me entran unas ganas de invadir Polonia!*

• • • • • • • •

Experiencia: Nombre que damos a nuestras equivocaciones.

• • • • • • • •

71

nada. ¿Y quiénes fueron? ¿Los conozco?
–¿Realmente quieres saberlo?
–Por supuesto, te escucho.
–Bueno, ¿recuerdas que tú soñabas con tener esa casa de campo cuando éramos jóvenes? El gerente del banco no cedía con el préstamo pero al cabo de una semana vino personalmente a traerte los papeles para la solicitud.
–Tú... ¿verdaderamente hiciste eso por mí?
–Por supuesto.
–No lo puedo creer, te sacrificaste por mi sueño, eres la mejor esposa del mundo. ¿Y el segundo?
–Ése fue más complicado. Tú te enfermaste gravemente y era tanto el dinero que debíamos que no podías operarte. Recuerda que el mejor médico del país lo hizo gratis.
–¿En verdad hiciste eso por mi salud? No lo puedo creer, eres la mejor esposa que un hombre puede tener. ¿Y luego?
–No, déjalo así.
–Necesito saber, por favor, cuéntame.
–Está bien, ¿recuerdas que querías ser presidente del club de fútbol y ganaste las elecciones? La semana anterior a las elecciones te faltaban 250 votos...

Era tan pero tan supersticioso que se hizo carpintero *para tocar siempre madera.*

–¿Me sirve un whisky?
–¡En seguida!
El camarero le sirvió de una botella de whisky escocés de 24 años.
–Pero ¿qué hace? ¡Yo no puedo pagar ese whisky!
–Usted no se preocupe que hoy invita la casa.
–Perdone una pregunta: ¿usted es el dueño?
–No, no, soy el camarero.
–Y el dueño ¿dónde está?
–Arriba, con mi mujer.
–¿Y qué hace con ella?
–Lo mismo que yo le estoy haciendo con su negocio.

Diplomático: Tipo que logra convencer a su mujer que se vería muy gorda con un abrigo de piel.

Súper Cortos

–¡Tendrías que haberme visto, Pepe! Mi novia me pidió que quitase el techo del coche para besarnos. *¡Tardé sólo cuarenta minutos!*
–Pero, Manolo. *Yo lo bajo en diez segundos.*
–¡Ahhh! ¡Pero el tuyo es descapotable!

–¿Usted engaña a su esposa?
–*¿Y a quién quiere que engañe?*

–Mi amor, yo no comprendo cómo pudiste vivir sin mí hasta ahora.
–*Más barato, más barato.*

–Vengo del salón de belleza, Manolo.
–*¿Qué pasó, Pepa? ¿Estaba cerrado?*

El hombre terminó de hacer el amor con su esposa.
–*¿He hecho algo mal, mujer?*
–No. *¿Por qué?*
–*¡Como te has movido!*

–Oye, Paco, el frío de Galicia ¿es seco?
–*Hombre, ¡si no llueve...!*

–Tengo que decirte que antes de ti tuve varias chicas.
–*Pero eso me lo dijiste la semana pasada.*
–Sí, pero una semana es mucho tiempo.

–Me divertí tanto en mi despedida de soltera que *estuve a punto de suspender la boda.*

–Desde el primer día mi marido dejó bien en claro quién era el que mandaba en la casa. Me miró a los ojos. Golpeó la mesa y gritó:
–*Aquí mandas tú. ¿Entendiste?*

–¿Cómo estás, Jesús? He sabido que te has comprometido con una muchacha que es gemela. ¿No temes confundirte?
–*No, su hermano lleva bigote.*

–¿Por qué el gallego se hizo tatuar "$ 1,99" en la frente?
–*No sé.*
–Porque oyó que *todo hombre tiene* un *precio.*

El gallego Pepe jamás quiere salir con su esposa.
–*¿Por qué?*
–Dice que ella es una *mujer casada.*

–¿Sabes, Pepe, que llevé a mi perro a un concurso y gané el primer premio?
–*¡Joder, Manolo! ¡Debes estar muy orgulloso!*
–Pues sí. Pero hubiese preferido *que ganase mi perro.*

–*¿Cuál es el juego más popular en Galicia?*
–Hay tres gallegos en un cuarto. Uno de ellos sale. Los otros dos tienen que adivinar *cuál de ellos salió.*

–*¡Joder, Pepe! ¡Se nos terminan las vacaciones! ¿Qué podríamos hacer?*
–Nada, mujer, nada.
–*Pues sí, yo nado. Pero las vacaciones se terminan igual.*

El Manolo era sobrino del alcalde del pueblo.
–*Te felicito, Manolo. Eres el nuevo perrero municipal.*

–Muchas gracias. Ahora bien: sé que mi tarea es atrapar a los perros. Pero, ¿cuando estén haciendo qué?

En un restaurante gallego:
–¿*Aceptan tarjeta de crédito?*
–Hombre, si usted acepta comida de plástico...

–Dime, María... ¿quién de nosotros es *el sexo opuesto?*

Increíble pero cierto: un tipo tenía un perro gallego. Lo sacó a pasear *y un árbol se lo meó.*

–¿Por qué las mujeres no pueden ser electricistas?
–*Porque tardan nueve meses en dar a luz.*

–*Es muy difícil tener dinero, pero más saberlo gastar.*
–Yo soy más hábil, lo gasto sin tenerlo.

–*¿Qué le dijo Lassie a Rin Tin Tin?*
–Nos vemos en el festival de Cannes.

El gallego Paco era tan pero tan pobre que no podía sostener ni una conversación.

–¿En qué se diferencia un hombre con bata blanca a una mujer con bata blanca?
–*En que el hombre es médico y la mujer enfermera.*

–Mi marido, Pepe Muleiro, dice que tiene clase porque siempre se saca los zapatos antes de poner *los pies sobre la mesa cuando cenamos. ¿Será cierto?*

Las opiniones son como los culos: *Cada uno tiene el suyo.*

Súper Country

—Estoy recopilando datos para escribir un libro. ¿Usted sabe alguna historia que pudiéramos contarles a los de la ciudad? Algo que usted haya vivido y que recuerde con frecuencia.

—*¡Ah, sí! Una vez se perdió la esposa del Paco, el que vive aquí tras la lomita. Pues se vino la noche y la señora no apareció. Entonces todos los hombres del pueblo nos reunimos y nos llevamos un buen cargamento de vino y nos metimos al monte a buscarla. Allá a los tantos días la encontramos y como ya andábamos medio querendones por el vino, uno por uno le soltamos la pasión a la esposa del Paco...*

—¡Caramba! ¿Y no se acuerda de algo cómico? Algo que lo haga reír a usted y a todos los del pueblo? No sé, algo extraño.

—*¡Pues sí! Una vez se perdió una oveja del Manolo. La noche se vino y la chiva no apareció. Nos volvimos a reunir todos los hombres del pueblo, nos hicimos de un buen cargamento de vino y nos metimos al monte a buscarla. Después de días la encontramos y como ya andábamos medio querendones por el vino, pues otra vez, uno por uno, le dimos calor a la oveja.*

—¡Caray! ¿Y no tendrá otra historia? Tal vez algo triste. ¿Algo que lo haga llorar?

—*Pues sí, una vez... ¡me perdí yo!*

Era un hacendado tan pero tan rico que en la mano en vez de *líneas* tenía *bingos.*

Jamás había hecho un viaje, ni salido de su barrio, durante 50 años. Un día decidió cambiarse al apartamento de al lado.
—¿A qué se debe este cambio?
—*Debe ser la* inquieta sangre bohemia *que llevo en las venas.*

Súper Crazy

—Camarero, baje el aire acondicionado, por favor. Estoy muerta de frío.
—*¡Cómo no, señora!*
Al ratito:
—¡Camarero, por favor!
—*¿Señora?*
—¡Suba el aire acondicionado! Me sofoco.
—*Encantado, señora.*
Diez minutos después:
—¡Camarero!
—*Diga, señora...*
—Por favor, ¡baje el aire acondicionado!
—*Ya mismo.*
Un comensal que observaba el ir y venir del camarero, lo llamó:
—No entiendo muy bien todo esto. Esa mujer lo está enloqueciendo. Usted es un santo. ¿Cómo hace para no volverse loco con semejante personaje que lo tiene de aquí para allá?
—*No se preocupe. La cosa es al revés. El que está volviéndola loca soy yo.*
—¿Por qué dice eso?
—*Porque aquí no tenemos aire acondicionado.*

—¿Qué hace si se encuentra a un gallego colgando de un abismo agarrado solamente con una mano de una rama que sale del borde?
—*No sé.*
—Se lo saluda agitando *la mano* desde lejos para que devuelva el saludo.

—Mamá, ¿cuál es la definición de paranoico?
—*Probablemente crees que no lo sé y me quieres sorprender y humillar, ¿no?*

· · · · · · · ·

Cuanto más te guste un hombre que recién conoces, más le gustará también a tu mejor amiga.
Corolario: *a él siempre le gustará más ella.*

· · · · · · · ·

Al que madruga, Dios lo mira sorprendido.

· · · · · · · ·

Súper ¿Cuál?

–¿Cuál es, entre todos los peces, el pez más forzudo?
–*El pesista.*

–¿Cuál es, entre todos los peces, el pez más soñador?
–*El pesadilla.*

–¿Cuál es, entre todos los peces, el pez más funesto?
–*El pésame.*

–¿Cuál es, entre todos los peces, el pez que usa corbata?
–*El pescuezo.*

–¿Cuál es, entre todos los peces, el pez más religioso?
–*El pesebre.*

–¿Cuál es, entre todos los peces, el pez más gallego?
–*El peseta.*

–¿Cuál es, entre todos los peces, el pez más peludo?
–*El pestaña.*

–¿Cuál es, entre todos los peces, el pez más mugriento?
–*El pestilente.*

–¿Cuál es, entre todos los peces, el pez más salsero?
–*El pesto.*

–¿Por qué a las mujeres les florecen las puntas del cabello?
–*Porque tienen tierra en la cabeza.*

• • • • • • • • •

La noche en que llegas romántica a tu casa, él tiene un partido de fútbol por la televisión.

• • • • • • • •

"A mí no me cagan dos veces."
El pañal descartable.

• • • • • • • •

–¿Cuál es, entre todos los peces, el pez más triste?
–*El pesadumbrado.*

–¿Cuál es el mar que no es de este mundo?
–*El mar Ciano.*

–¿Cuál es, entre todos los peces, el pez más seguro?
–*El pestillo.*

–¿Cuál es, entre todos los peces, el pez más patón?
–*El pezuña.*

–¿Cuál es, entre todos los peces, el pez que usa corpiño?
–*El pezón.*

–¿Cuál es, entre todos los peces, el pez más insoportable?
–*El pesado.*

–¿Cuál es la mar más roedora?
–*La mar Mota.*

–¿Cuál es la mar que te cubre de la lluvia?
–*La mar Quesina.*

–¿Cuál es, entre todos los mares, el mar que más pega?
–*El mar Tillo.*

• • • • • • • •
Rebelde: Dícese de quien todavía no ha conseguido salirse con la suya.
• • • • • • • •
Muchas veces hice de muerto, pero como ésta, nunca...
Epitafio de un actor
• • • • • • • •
Se necesitan dos años para aprender a hablar y sesenta *para aprender a callar.*
• • • • • • • •

–De la liana, Chita,
de la lianaaaaaaaaa
aaaaaaaaaaaaaaaaaa
aaaaaaaaaaaaaaaaaa
aaaaaaaaaaaaaaaaaa
aaaaaaaaaaaaaaaaaa
aaaaaaaaaaaaaaaaaa
aaaaaaaaaaaaaaaaaa
aaaaaaaaaaaaaaaaaa
aaaaaaaaaaaaaaaaaa
aaaaaaaaaaaaaaaaaa
aaaaaaaaaaaaaaaaaa
aaaaaaaaaaaaaaaaaa
aaaaaaaaaaaaaaaaaa
aaaaaaaaaaaaaaaaaa
aaaaaaaaaaaaaaaaaa
aaaaaaaaaaaaaaaaaa
aaaaaaaaaaaaaaaaaa
aaaaaaaaaaaaaaaaaa
aaaaaaaaaaaaaaaaaa
aaaaaaaaaaaaaaaaaa
aaaaaaaaaaaaaaaaaa
aaaaaaaaaaaaaaaaaa
aaaaaaaaaaaaaaaaaa
aaaaaaaaaaaaaaaaaa
aaaaaaaaaaaaaaaaaa
aaaaaaaaaaaaaaaaaa
aaaaaaaaaaaaaaaaaa
aaaaaaaaaaaaaaaaaa
aaaaaaaaaaaaaaaaaa
aaaaaaaaaaaaaaaaaa
aaaaaaaaaaaaaaaaaa
aaaaaaaaaaaaaaaaaa
aaaaaaahhhhhhhh...

–¿Cuál es, entre todos los mares, el mar más sabroso?
–*El mar Isco.*

–¿Cuál es, entre todos los mares, el mar más cansado?
–*El mar Atón.*

–¿Cuál es el mar más sufrido?
–*El mar Tirio.*

–¿Cuál es, entre todos los santos, el santo más cuadrado?
–*San Marcos.*

–*¿Cuál es, entre todos los santos, el santo de las frutas?*
–San Día.

–*¿Cuál es la diferencia entre una madre judía y un elefante?*
–El elefante, con el tiempo, llega a olvidar.

–*¿Cuál es la música más pegadiza?*
–La que se toca en piano de cola.

–*¿Cuál es, entre todos los santos, el que calma el dolor?*
–El Sana Sana, colita de rana.

–*¿Cuál es, entre todos los santos, el de los chupasangre?*
–El San Guijuela.

Súper Cubanos

Un cubano flaquito y menudo se había casado con una giganta de esas tipo ogro que lo tenía cortito al pobre. Ni una copita con los amigos se podía tomar el hombre. La gorda lo controlaba, lo tenía controladísimo. Él le tenía pánico.

–*Oye chico, ¿por qué no aprendes karate, así la revientas a la gorda?*

Decidió hacerle caso a su amigo.

Practicó y practicó y, luego de varios años de dura lucha, consiguió el cinturón negro.

¡Ah, ese día fue la gran fiesta!

Juerga en el bar con los muchachos, copas, cartas.

A eso de las dos de la mañana, el flaquito emprendió su triunfal retorno a casa.

Frente a la puerta, dio una tremenda patada:

–*¡Iáááááááááááááááááááááá!*

Rompió la puerta. Detrás de la puerta estaba la gorda, mucho más firme que la misma puerta. Ella le preguntó:

–¡¿Iááááááááááááá qué?!

Y él, todo tímido y esmirriado:

–*Iaaaa... iegué...*

Un soldado cubano revolvía el cubo de la basura. Lo vio el sargento:

–*¿Qué hace soldado en el cubo de basura?*

–Estoy buscando comida, mi sargento.

–*Acá nadie tiene privilegios, soldado. ¡Vaya a comer a la cocina como todos los demás!*

En La Habana, dos rateros robando.

–Maldición, la policía. ¡Salta rápido por la ventana!

–*¿Cómo que salte? Estamos en el piso 13, chico.*

–No empieces con supersticiones, ¡salta idiota!

No importa si estás todo el día en tu trabajo sin hacer nada: *lo importante es que no se den cuenta...*

81

Súper Curas

—En el sermón de hoy el sacerdote desarrolló el tema de la caridad y el deber que tenemos de ayudar al prójimo.
—¿Y tú que hiciste?
—Quedé tan impresionado, que a la salida me puse a pedir limosna.

Jesús Martínez era un curita gallego.
Se sentía bastante confundido.
Fue a consultar con un psicoanalista.
—*Vea, padre: olvídese durante una semana de su sacerdocio. Quítese la sotana y vaya a Madrid. Diviértase. Coma y beba bien, busque todo lo que le dé placer.*
El cura se fue a Madrid.
Sin su sotana, vestido como un ciudadano cualquiera, se dispuso a cumplir el consejo.
Comió en el *Club 21*, un magnífico restaurante cercano al parque del Retiro. Bebió unos cubalibres en un *pub* de *Malasaña*. A la madrugada, fue a un bar *topless*. Se acomodó en una mesa para ver un *striptease*.
Una camarera en *topless* se le acercó:
—*¿Qué le sirvo, padre?*
Jesús palideció.
—¿Có... có... cómo supo que soy cura?
—*¡No se preocupe, padre! Yo soy Sor Teresa y voy al mismo psicoanalista que usted.*

El cura conducía a gran velocidad por la autopista.
Lo detuvo la policía.
—*¿Sabe a qué velocidad iba, padre?*
—No.
—*¿Ha estado bebiendo?*
—Sólo agua.
—*¿Y entonces por qué huele a vino?*
—¡Dios! ¡Lo has hecho otra vez! ¡Milagro, Dios! *¡¡¡Milagro!!!*

. . . .
Aviso en una iglesia de La Coruña: "Cerramos los domingos".

. . . .
¡Qué barbaridad! Dicen las encuestas que cada día se cree menos en Dios. Y... ¡es lógico! Dios no sale *nunca* en la tele.
. . . .

Súper Che
(Más de argentinos)

Murió la hermana Margarita, una religiosa española, de Ávila para más datos, súper devota y rigurosa. Por algún error, terminó en el infierno. La monja, apenas vio la horrible realidad, consiguió un teléfono.

–*¡San Pedro, por Dios y la Virgen Santísima, debe usted hacer algo! ¡Esto es un lamentable error!*

–Te prometo que lo arreglaré inmediatamente.

Tres horas más tarde, recibió un nuevo llamado.

–*¡Esto es horrible San Pedro! ¡Para colmo, me tocó el sector destinado a los argentinos! ¡Esto es el mismísimo caos! ¡Pido a todos los santos por mi alma!*

–Tranquila, hermana, estoy en eso.

A última hora de la tarde, San Pedro aún no había podido resolver el tema.

Nuevo llamado de la hermana Margarita:

–*¡Por Dios Santísimo, debe usted ayudarme! ¡Para esta noche, los argentinos tienen programada una orgía! ¡Sexo, droga, pecado! ¡El caos, válgame el Señor!*

–Tranquila, tranquila, hermana Margarita.

Tres horas después, volvió a sonar el teléfono en el cielo. Atendió San Pedro.

–*Che, ¿Pedrito? ¡Soy Margot! Te llamo para decirte que cancelés nomás la transferencia. ¡Todo bien! Bueno, ¡chau loquito!*

El que nace pobre y feo tiene grandes posibilidades de que al crecer se le desarrollen ambas condiciones.

El gordo Carmona era *un fenómeno*.

Tenía *grandes recursos* para todos los imprevistos.

El gordo Carmona era un tipo *de mucho dinero*.

Tenía un campo en Tres Arroyos: buenos sembrados, mucho ganado.

Una mañana rumbeó para la Capital.

Se despidió de su mujer y de sus hijos en la puerta de la gran casona.

–*A más tardar a las 10 de la noche estoy de regreso.*

Llegó a Buenos Aires a mediodía.

Tomó unas copas. Almorzó con amigos.

Se fue a un sauna.

Allí conoció a una morena espectacular.

La llevó a un hotel.

Hizo abrir botellas de champán, pidió *salmón y* caviar como para un regimiento.

La mujer llamó a una amiga y la amiga a otra más.

El gordo terminó jugueteando con las tres: loco de contento y de calentura.

Cuando reaccionó habían pasado más de 24 horas de orgía, bebida y despelote.

El tema era *qué decirle a su mujer y a sus hijos que lo habrían estado esperando para la noche anterior.*

No se preocupó demasiado.

Hombre de gran ingenio, el gordo marcó el número de su casa, y cuando lo atendieron dijo a los gritos:

–*¡No paguen el rescate! ¡No paguen el rescate! ¡Conseguí escapar! ¡Llegaré hacia el atardecer!*

Un multimillonario norteamericano paseaba por el barrio de las antigüedades.

Buscaba algún objeto *raro y original* en los anticuarios de la zona.

Entró justamente al negocio de Cachito, uno de *esos típicos vendedores argentinos capaces de todo por hacer una venta.*

El multimillonario buscó, rebuscó, pero no encontró nada que lo deslumbrase.

Cachito, rápido de reflejos, señaló dos bastones de madera de distinto tamaño.

–*¿Ve? Esto sí que es algo original que usted no querrá perderse. Algo sumamente original y casi imposible de conseguir.*

El millonario contempló los dos bastones de madera y, como no quería mostrarse incompetente, aventuró:

–Si no me equivoco se trata de... de... de...

–...¡*un típico retrete siberiano, sí señor! Veo que es*

Estoy lleno de problemas.
El libro de cálculos

Este sujeto no me gusta para nada.
El predicado

Si la moda fuera pegarse un tiro, nos quedaríamos sin idiotas.

84

usted un gran conocedor. Un coleccionista.
–Más o menos. Más o menos. ¿Cuánto cuesta?
–*Medio millón.*
–Trato hecho.
El millonario pagó y cuando estaba a punto de salir con
los dos bastones envueltos bajo el brazo, preguntó:
–Oiga, en este momento no me acuerdo cómo usan este
retrete los siberianos...
–*Muy sencillo, muy sencillo: El bastón más chiquito*
lo plantan en la nieve para colgar el abrigo... Y con
el bastón más grande tratan de mantener bien lejos a
los lobos, ¡mientras se mandan una regia cagada!

Murió el banquero argentino y se fue derechito al cielo.
Sin embargo, el portero no lo dejaba entrar.
–Lo siento, pero su nombre no figura en la lista.
–*¿Cómo? Será una joda, ¿no? Yo le he dado traba-*
jo a un montón de personas, he hecho miles de
obras de beneficencia, he ayudado a la Iglesia, al
Hospital de Niños. Jamás falté a misa... ¡Es imposi-
ble que no esté mi nombre en la lista!
–Todas las acciones que comentó han sido extraordina-
rias. Pero alguna mala acción también habrá tenido.
–*Algunas sí, forzosamente, pero las vendí enseguiaa.*

En Miami un japonés, un inglés y un judío concurrieron
al funeral de un compañero de trabajo.
Junto al cajón, los tres despedían al amigo.
El japonés:
–*Pobre Peter, murió antes de que pudiera devolver-*
le los veinte dólares que me había prestado.
El japonés sacó su billetera, retiró dos billetes de diez
dólares y los puso sobre el cajón.
El inglés:
–*¡Oh! ¡Por cierto! Yo le debía cincuenta dólares.*
Metió la mano en el bolsillo y echó en el cajón un billete
de cincuenta dólares.
El judío:

Soy la típica ado-
lescente argenti-
na: *acabo de cum-*
plir 34 años.

Yo dedico tres ho-
ras por día a ver te-
levisión y veinte
minutos a leer. Leo
la TV Guía para sa-
ber qué van a dar
en la tele.

–¡*Qué enorme coincidencia! Yo le debía treinta dólares.*

El judío metió la mano dentro del cajón, sacó los setenta dólares en billetes, hizo un cheque por cien dólares y lo metió en el cajón guardándose el efectivo.

Tres días después el judío por poco murió de un infarto: su cheque *había sido cobrado.*

El dueño de la funeraria *era un argentino.*

Un argentino participaba en una excursión por el Amazonas.

De pronto todo el grupo fue apresado por unos caníbales. Al argentino lo metieron en una gran olla junto con un inglés.

A los pocos minutos, el agua comenzó a calentarse.

El argentino, *primero sonrió.*

Después, *empezó a reír.*

Finalmente, *estalló en una ruidosa carcajada.*

El inglés no lo podía creer.

–Pero, ¿cómo es posible que se ría usted? Nos han atrapado los caníbales, estamos adentro de una olla gigantesca donde nos están hirviendo a fuego lento y en menos de una hora seremos caldo. ¿Por qué se ríe usted?

–¡*Ja, ja, ja! ¡Es que estos boludos no saben que les estoy meando la sopa!*

Cachito entró contentísimo a su casa.

–Papá, mamá, tengo algo que decirles: Pepa aceptó casarse conmigo. ¿No les parece maravilloso?

La madre lo besó, lo abrazó, lo felicitó. El padre:

–Será mejor que hablemos a solas.

Lo llevó a un bar.

–Mirá, Cachito... tengo que decirte algo que seguramente te va a caer muy mal: ¡¡¡no podés casarte con Pepa!!!

–*Pero, ¿por qué, papá?*

–Bueno, en mi juventud cometí muchas tonterías. Estuve mucho de joda por ahí. Una de las tonterías

que cometí fue cogerme a la madre de Pepa. Hijo:
¡Pepa es tu hermana!
Desolado, Cachito tuvo que aceptar el peso de la terrible realidad.
Quedó deshecho.
Rompió con la mujer que amaba.
Tardó años en reponerse.
Hasta que una tarde, cinco años después, entró en su casa:
—Papá, mamá: tengo algo que decirles. Voy a casarme con María.
Una vez más su madre lo abrazó, lo besó, lo felicitó.
Una vez más se repitió la escena en privado con su padre:
—No podés casarte con María, Cachito. Ella también es tu media hermana.
Cachito quedó nuevamente devastado.
Tres años más tarde, se repitió la misma escena con una muchacha llamada Paca.
—No podés casarte con Paca, Cachito: es tu hermana.
Destrozado, Cachito se refugió en su madre.
Y le contó todo acerca de sus medias hermanas.
La madre lo miró, le acarició el pelo y sonrió:
—No te preocupes, Cachito. Yo también anduve de joda:
¡ése no es tu padre!

Un argentino conduciendo a gran velocidad sufrió un espectacular accidente.
El coche quedó *completamente destruido.*
Él salió ileso.
De todas formas, pensando en el seguro, decidió *fingir que había quedado paralítico.*
Lo hizo tan bien que llegó a convencer a los mejores médicos del seguro y cobró una suma fabulosa de dinero.
Un día fue un amigo a visitarlo.
—¿Y ahora qué vas a hacer? ¿Vas a estar el resto de tus días en esta silla de ruedas, fingiendo ser paralítico?
—*¡No, imbécil! ¿Y Lourdes para qué está, eh? ¿Lourdes para qué está?*

· · · · · · · ·
El reparto más equitativo es el de la inteligencia: *Todo el mundo cree tener suficiente.*

· · · · · · · ·
Con mi esposo tenemos un matrimonio abierto: *él me abre la correspondencia y yo le abro la billetera.*
· · · · · · · ·

Súper Chiquis

Manolito llevó a su pequeño primo Pepe a visitar el zoo por primera vez.
–*Mira, Pepín, el león...*
–¿Por qué tiene la cabeza grande?
–*Porque si la tuviera más pequeña pasaría por entre los barrotes...*

–La Pepa me ha dicho que acaba de cumplir veintiséis años.
–*Entonces, ¿qué edad tenía cuando nació?*

–Mamá, ¿qué es exactamente un chiquero?
–*¿Un chiquero? Te voy a decir: imagínate tu habitación sin estéreo.*

–Todos los años la cigüeña venía con un hermanito más. Bueno, la cigüeña ya no venía: vivía con nosotros. Cómo sería, que cuando papá llegaba a casa desde el trabajo, tenía miedo de preguntar: *"¿Qué hay de nuevo?"*

–*Ahora que va a nacer nuestro segundo hijo, tendremos que mudarnos a una casa más grande.*
El hijo que estaba escuchando:
–Es igual, de todos modos nos seguirá.

La pequeña Pepa era tan tonta que no preparó jugos Tang *porque no podía poner 1 litro de agua en un sobrecito tan chico.*

Súper Dedos

El gallego Muleiro era tan pero tan envidioso *que en una boda deseaba ser la novia, y en un entierro el muerto.*

–*¿Qué es un presidente en la Argentina?*
–No sé.
–*Un tipo que quería ser futbolista pero no tenía suficiente personalidad.*

El armenio *Eduardo Carajakian* entró a su restaurante favorito y se sentó a su mesa habitual.
Echó una mirada a su alrededor y descubrió a una hermosa mujer en una mesa cercana que estaba completamente sola.
Llamó al camarero:
–Envíele a aquella mujer la botella del champán más caro que tengan.
Fue el camarero.
–*Esto es de parte del caballero de aquella mesa.*
La mujer miró la botella con frialdad durante un segundo y le envió al hombre una nota que decía:
"Para que yo acepte esta botella, usted debería tener un Mercedes en su garage, un millón de dólares en el banco y veinte centímetros entre las piernas."
Después de leer la nota, el hombre le envió esta respuesta escrita:
"Para su información: tengo una Ferrari Testarossa, un Rolls Royce y un Mercedes 560SEL en mi garage. Además, tengo alrededor de doce millones de dólares en mi cuenta. Pero... ¡ni por una mujer tan bella como usted me cortaría diez centímetros de lo que tengo entre las piernas! ¿Podría enviarme la botella de vuelta? Gracias."

–¡Hola! ¿Hablo con el hospital infantil?
–¡Ti! ¿Qué te dele?

Súper Dentista

Él y ella se conocieron en un bar.

Llegaron a la casa de ella y se pusieron a tomar trago tras trago.

Empezó la acción.

El muchacho se sacó la camisa y se lavó las manos.

Se sacó el pantalón y se lavó las manos.

Se sacó el calzoncillo y se lavó las manos.

–¡Oye! ¿Tú eres dentista, no?

–Sí, ¿cómo lo notaste?

–Fácil, te pasas lavando las manos.

Siguió la acción. Ella, después de hacer el amor, le dijo:

–Debes ser un excelente dentista.

–La verdad que sí. Soy de los mejores, pero... ¿cómo lo notaste?

–Bueno, porque no sentí nada de nada.

–¿Cuánto me cobra por sacar este diente?

–Setenta pesos.

–¿Setenta pesos por unos pocos minutos de trabajo?

–Si usted quiere se lo puedo extraer muy, muy, muy lentamente...

–¡Ajá! ¡Caries! Le voy a tener que extraer este diente señora.

–Oh, no. Antes que eso ¡preferiría tener un hijo!

–En ese caso, ajustemos un poco el sillón...

. . . .

Accidente: Condición en la que es buena la presencia mental, pero es mejor la ausencia física.

. . . .

¡¡¡Viva la Pepa!!!
            Pepe

. . . .

Súper Deseo

–Dime, Manolo, ¿quién disfruta más el sexo? ¿El hombre o la mujer?
–*Pues está claro: la mujer.*
–¿Por qué estás tan seguro?
–*Vamos a ver: cuando te pica la oreja y te metes el meñique, al sacarlo, ¿quién se siente mejor? ¿El dedo o la oreja?*

Deseo 1:
–¿Sabés qué le dijo la rubia al gallego que se baboseaba todo por ella?
–*No.*
–¡Acertaste!

Deseo 2:
–¿Sabés qué le dijo la rubia al gallego que se baboseaba todo por ella?
–*¿Otra vez?*
–¡Acertaste!

Deseo 3:
–¿Sabés qué le dijo la rubia al gallego que se baboseaba todo por ella?
–*¡Bueno, basta! ¡Ésta es la tercera vez con lo mismo!*
–¡Acertaste!

–*¿Qué pasó, encontraste ya tu muñeca?*
–Sí, ya la encontré.
–*Pues avisa a tu hermana para que no la siga buscando.*
–No, déjala que la busque, a lo mejor la encuentra y así tengo dos.

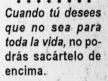

Cuando tú desees que no sea para toda la vida, no podrás sacártelo de encima.

Escribo todo lo que deseo recordar: así, en lugar de pasarme las horas tratando de traer algo a la memoria, las paso pensando *dónde puse el papel con la anotación.*

Súper Diablo

El brutísimo gallego Manolo miró el reloj: a las dos de la mañana cerró el libro.

Estaba desesperado.

Al día siguiente *saldría muy mal en el examen si no hacía algo para solucionarlo.*

Cuanto más empeño ponía, cuanta más *geometría* estudiaba, *menos la comprendía.*

Había fracasado ya dos veces. Con seguridad lo echarían de la Universidad.

Sólo un milagro podía salvarlo.

Se enderezó.

¿Un milagro?

¿Por qué no?

Siempre se había interesado por la magia.

Tenía libros. Leyéndolos, había encontrado instrucciones muy sencillas para llamar a los demonios y someterlos a su voluntad.

Nunca había probado.

¡Éste era el momento!

Tomó de la estantería su mejor obra de magia negra.

Era sencillo.

Había que desarrollar algunas fórmulas... *ponerse a cubierto en un pentágono.*

Entonces llegaría el demonio, pero no podría hacer nada *por la protección del pentágono.*

Y allí se obtendría todo lo que se desease.

Se decidió inmediatamente.

Despejó el piso retirando los muebles.

Luego dibujó en él, con tiza, el pentágono protector.

Por fin, pronunció los encantamientos.

El demonio era verdaderamente horrible, pero el gallego Manolo se armó de coraje.

–¡Siempre he sido un inútil en geometría!

–¡A quién se lo dices! *–replicó el demonio, riendo burlonamente... y cruzó, para devorarse a Manolo, las líneas del cuadrado que el brutísimo gallego había dibujado en lugar del pentágono.*

. . . .
Dios nos envía los alimentos, *el demonio los cocineros.*
. . . .

Súper Dieta

Dieta del gringo:
meter viernes y sacar domingo.
(*Con esta dieta hay que tener cuidado de que nadie interrumpa, porque de lo contrario no da resultados.*)

Dieta del perejil:
todas las noches con el mismo gil.

Dieta de la verdura:
sólo es posible cuando la cosa está dura.

Dieta de la berenjena:
de vez en cuando con pareja ajena.

Dieta del cucurucho:
comer poco y follar mucho.

Dieta de Guido:
igual que la del cucurucho pero más seguido.

Dieta de Satanás:
nada por delante, todo por atrás.

Dieta del melón:
hay que tirar siempre con el mismo huevón.

Dieta del marqués:
follar sólo una vez al mes.
(Esta dieta es para engordar, demanda muy poco esfuerzo.)

Dieta de la sandía:
Follar sin que importe la hora ni el día.

Un dentista es un mago *que te pone plomo en la boca y te saca oro del bolsillo.*

En casa de heladero, *cuchillo de palito.*

Súper Dios

Cristo en la cruz:
—*¡Dejad que los animales vengan a mí!*
Entonces fueron todos los animales del mundo.
Cristo comenzó a darles la última prédica.
Cuando terminó, ya muy entrada la noche, casi todos los animales se habían marchado.
—*Animalitos de Dios, váyanse a casa...*
—¡¡¡Sshhcrack!!!
—*Animalitos de Dios, váyanse a casa...*
—¡¡¡Sshhcrack!!!
—*¡Animalitos de Dios, váyanseeee a caaaaasa...!*
—¡¡¡Sshhcrack!!! ¡¡¡Sshhcrack!!! ¡¡¡Sshhcrack!!!
—*¡Váyanse a casa... castores de mierdaaaaaaaaaaaaaa!*

Dios creó al hombre primero... y al ver tanta perfección *le creó una sirvienta.*

En el Jardín del Edén, Eva llamó a Dios:
—*Señor, ¡tengo un problema!*
Una voz atronadora, destellos, los cielos abiertos:
—*¿¿¿Qué te pasa, hija???*
—*Sé que me has creado y me has dado este hermoso jardín y todos estos animales maravillosos, pero... ¡no soy feliz!*
—*¿Por qué Eva? ¿Por qué?*
—*¡Estoy muy sola!*
—¡Vaaaale! Yo tengo la solución. ¡Crearé un hombre para ti!
—*¿Qué es un hombre, Señor?*
—El hombre que crearé para ti será una criatura imperfecta. Tendrá tendencias agresivas y un enooooorme ego. Estará poco dispuesto a escucharte y será incapaz de comprenderte. Será más grande que tú, más rápido y musculoso, tendrá habilidad para pelear y cazar rumiantes veloces. Se portará bien en la cama, pero querrá dominarte, hacerte creer que te protege y que lo necesitas. En síntesis: te molestará bastante pero te hará la vida entretenida. Si así lo quieres, te lo daré... pero con una condición.
—*¿Qué condición, Señor?*
—Tendrás que dejarle creer que Yo lo hice a él primero.

Súper Disfraz

Los Muleiro estaban invitados a una fiesta de disfraces.
Pero a ella le dolía muchísimo la cabeza...
–*Ve tú solo. Me tomaré una aspirina y me meteré en la cama. No hay necesidad de que te quedes.*
Muleiro se puso el disfraz.
–¿Te gusta mi disfraz, querida?
–*Me encanta. Que te diviertas.*
Muleiro se fue a la fiesta.
La mujer, después de dormir una hora se despertó bien...
Como era temprano, decidió ir a la fiesta disfrazada.
Muleiro no conocía el disfraz de su mujer.
Por eso ella pensó que sería divertido observar cómo actuaba él cuando estaba solo.
Apenas llegó, vio a su marido en la pista... *bailaba con cada mujer que se le cruzaba.*
Metía un poco de mano por aquí y por allá...
La mujer se le acercó. *Él empezó a seducirla...*
Ella lo dejó avanzar. En un momento *él le susurró una proposición en el oído...* Ella aceptó.
Se fueron del salón. Entraron a uno de los autos allí aparcados y *tuvieron sexo a rabiar...*
Antes de desenmascararse a medianoche como dice la tradición, ella se escabulló.
Fue a su casa. Se quitó el disfraz y se metió en la cama, preguntándose qué clase de explicación iba a darle el marido.
Cuando Muleiro entró, ella estaba leyendo.
–¿Cómo te fue Pepe?...
–Bueno, lo de siempre. Ya sabes que no lo paso bien cuando no estoy contigo.
–*¿Bailaste mucho?*
–Ni una sola pieza... Cuando llegué me encontré con Paco, con Manolo y otros amigos. Así que nos fuimos a la planta alta y jugamos a las cartas toda la noche. Lo que no vas a poder creer es *¡lo que le pasó al tipo al que le presté el disfraz!*

• • • • • • • •
–¡¡¡Cruzaremos el puente sin miedo!!!
Y Miedo se quedó sin cruzar el puente.
• • • • • • • •

–¿Por qué el cocodrilo es verde y largo?
–*Porque si fuera pequeño, redondo y rojo sería un tomate.*
• • • • • • • •

Súper Divorcio

–*¿Usted cree que hay algún matrimonio que sea feliz?*
–¡Cómo no! ¡Yo ya llevo cinco!

El divorcio es cuando tu mujer decide vivir *con tu sueldo pero sin ti.*

Es cuando te separas de tu mujer y *te casas con un abogado.*

El dinero no hace la felicidad ¡hace falta!

Axioma del divorcio: El que más gana es el abogado.
Al dividir los bienes lo único que se consigue es que ninguno de los dos se quede con nada.

El divorcio es el mayor problema de nuestro tiempo, *después del matrimonio.*

Es cuando tu media naranja ya está exprimida, *y empieza a exprimir tu billetera.*

El único placer del que *no disfrutan los solteros.*

Es cuando vas a la casa de animales domésticos y pides que te cambien *la perra por una sirena.*

Reanudación de relaciones diplomáticas con *rectificación de fronteras.*

Es cuando pelearte con tu pareja ya es aburrido y *contratas unos abogados para que animen la discusión.*

Súper Dr.

–¡Tienes que ver, Paco, lo que es ese médico! *¡Una eminencia!*
–¿Te ha curado?
–*¿Que si me ha curado? ¡Ha hecho un milagro conmigo, Paco! ¡Sin recetas, sin pastillas, sin tratamientos!*
–¡Venga, Manolo, cuenta, cuenta!
–*Verás: yo no podía ponerme derecho. La cabeza se me iba hacia adelante... Se me hundía en el vientre; no podía enderezarme. Andaba con la espalda curvada como un anciano decrépito. Así durante meses.*
–¿Cómo hizo para curarte de manera tan milagrosa?
–*Un genio. Es un genio. Me miró, Paco. Sólo me miró y a los diez segundos, ¡estaba yo curado, joder!*
–¿Qué hizo, coño?
–*Sólo me dijo:* "Manolo: no vuelva a abrocharse el botón del pantalón en el ojal del cuello de la camisa". *Y ya me ves...*

–*Por favor, ¿esta calculadora hace todas las operaciones?*
–¡Sí, señor!
–*¿Apendicitis?*

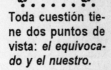

Toda cuestión tiene dos puntos de vista: *el equivocado y el nuestro.*

–*Doctor, anoche seguí su consejo contra el insomnio. Me puse a contar y llegué hasta veinte mil.*
–¿Y entonces se durmió?
–*No, me levanté: ya era de día.*

–*Le traigo a mi hijo, doctor. No sé por qué, pero se come las eres.*
–¿Desde cuándo sucede esto?
–*Y... desde siempre.*

–Ajá. Vamos a ver. ¿Cómo te llamas nene?
–*Mieda.*

–Me recomendaron un médico muy bueno. No como esos doctores que lo tratan a uno del hígado y uno se muere del corazón. *Éste lo trata a uno del corazón, y uno se muere del corazón.*

–*Doctor, me duelen los riñones, la cabeza y el estómago.*
–A ver, quítese la ropa.
–*¡Para qué! ¿No cree en mi palabra?*

–*¡Doctor, ojalá la medicina que me receta sea buena!*
–Eso espero, porque mi perro padece de lo mismo y también se la he recetado.

–*Doctor, creo que tengo el mal de Michelson.*
–¿Cómo puede saberlo si esa molestia no produce ningún malestar?
–*Es que ésos son precisamente mis síntomas.*

–*Mira, hay una víbora en la sala.*
–No, mujer, no es una víbora, es la manguera.
–*De todas formas llama al médico porque la manguera ha mordido a tu madre.*

–*Doctor, usted hace cinco años me aconsejó evitar la humedad para combatir el reuma. Ahora me he curado, ¿puedo lavarme de nuevo?*

Súper ¡Eh!

–¿Es completamente automática tu nueva lavadora, Paca?
–*Completamente automática no, Pepa. Desgraciadamente hay que apretar un botón.*

Taller mecánico en La Coruña.
El turista preguntó:
–*¿Cuánto cree que me costará reparar el coche?*
–¿Qué le ocurre a su auto?
–*No lo sé.*
–Entonces, cinco mil dólares.

–¿Por qué finalmente la Iglesia Católica permitiría que los curas se casen?
–*Para que sepan cómo es realmente el Infierno.*

Era tan pero tan decente que cuando fumaba opio sólo soñaba con su mujer.

El gerente al tipo que busca empleo.
–*Lo que pasa es que acá hay muy poco trabajo...*
–¡Justamente eso es lo que andaba buscando!

Era tan pero tan ambicioso que cuando falsificó billetes de cien pesetas los hizo de trescientas.

El gallego Manolo se encontró con el gallego Pepe que vestía un solo calcetín.

La serenidad es estar inquieto sin que nadie lo note.

Inflación: Tener que vivir pagando los precios del año próximo con el sueldo del año pasado.

–*Pepe, ¿qué ocurre?, ¿has vuelto a perder un calcetín?*
–No, he encontrado uno.

–¿Qué lleva usted en esa maleta?
–*Comida para mis conejos.*
El aduanero abrió la maleta que estaba llena de relojes:
–¿Con eso piensa alimentar a sus conejos?
–*Pues sí. Y le aseguro que si no les gusta esta comida, ¡no pienso darles otra!*

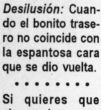

Desilusión: Cuando el bonito trasero no coincide con la espantosa cara que se dio vuelta.

· · · · · · · ·

Si quieres que algo se haga, encárgaselo a una *persona ocupada.*

· · · · · · · ·

–¿Con quién se casaría Socorro?
–Con un salvavidas.

–¿Cuál es la diferencia entre preocupación y pánico?
–*Unos veintiocho días.*

–María, ¡he lavado a los niños! *¿Tú recordabas que el más pequeño era rubio?*

El gallego Muleiro en el restaurante de lujo.
–*¿Qué quiere decir eso de caviar?*
–Son huevos de esturión...
–*¡Ah! ¡Estupendo! Prepáreme un par... fritos.*

En plena noche, el gallego Muleiro paseaba por la plaza del pueblo. Hacía como que estaba esparciendo algo por el pasto.
El guardia se le acercó.
–Hombre, ¿se puede saber qué está haciendo?

–Doy de comer a las palomas, ¿por qué?
–Pero ¿no ve que a esta hora no hay palomas?
–Lo sé, lo sé. Por eso es *que hago como* que tiro maíz.

Si a la primera no lo haces bien, *el paracaidismo no es lo tuyo.*

En el registro civil:
–¿Es usted casado?
–Sí, señor.
–¿Con prole?
–No señor, con Lupe.
–Prole, quiere decir hijos.
–Ah, sí. Tengo un *prolo* y una *prola.*

Era un boxeador tan pero tan inofensivo que *le concedieron el premio Nobel de la Paz.*

Después de una larga y primera noche de amor, el hombre se da la vuelta, toma un cigarrillo y busca su encendedor. No lo encuentra, entonces le pregunta a su compañera si tiene uno.
–Debe haber algunas cerillas en la mesita de noche.
Él abre el cajón y encuentra la cajita de cerillas junto a la foto de un hombre. Naturalmente, el joven se preocupa.
–¿Es tu esposo?
–No, tontito.
–¿Tu enamorado, entonces?
–No, para nada.
–Bueno, ¿quien es él entonces?
–Soy yo, antes de la operación.

–¿Cuánto le cuesta a un loro aprender inglés?
–Depende de lo que le cobre el profesor.

Súper Ellas

—¿Por qué el psicoanálisis es más breve para el hombre que para la mujer?
—*Porque cuando hay que hablar de la infancia, los hombres todavía están en ella.*

Los hombres son como la publicidad: No se les puede creer *ni el 50 por ciento de lo que dicen.*

Los hombres son como las galletitas: Te dejan satisfecha, pero *sólo por un momento.*

—¿Por qué los hombres prefieren a las rubias tontas?
—*Porque buscan compañía intelectual.*

—¿Qué es lo que se piensa instantáneamente al ver a un hombre bien vestido?
—*Que su mujer tiene muy buen gusto.*

—¿Por qué los hombres son como los ovnis?
—*Porque no se sabe de dónde vienen, cuál es su misión, ni cuánto tiempo van a quedarse.*

—¿Por qué un hombre es como el clima?
—*Porque hagas lo que hagas no los puedes cambiar.*

—¿Cuál es la diferencia entre un hombre y un bebé?
—*Uno puede estar quejándose permanentemente,*

lloriquea y se vuelve hasta insoportable; el otro es
sólo un bebé.

–Si un hombre puede lavar cien platos en una hora. ¿Cuántos platos pueden lavar cuatro hombres en el mismo tiempo?
–Ninguno, porque se sentarían en la sala a ver fútbol.

Antes de que el dinero fuera inventado... *¿qué le veían las mujeres a los hombres?*

Dios creó al hombre y dijo:
–Realmente puedo hacerlo mejor.
Entonces creó a la mujer.

–¿Por qué se suspendió la práctica de la circuncisión?
–Porque los médicos temen que pueda causar daño cerebral.

Las mujeres tienen muchos defectos, los hombres sólo dos:
Todo lo que hacen y todo lo que dicen.

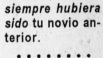

La hermosísima chica entró semidesnuda y con la ropa destrozada en la carpa del campamento en la montaña.
–¿Qué te ha pasado?
–¿Sabes? El tan mentado Yetti no resultó tan Abominable como decían.

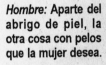

Hombre: Aparte del abrigo de piel, la otra cosa con pelos que la mujer desea.

Si un marido ayuda a lavar los platos algunas veces, esas veces siempre da la casualidad de que hay pocas cosas que lavar.

El marido ideal siempre hubiera sido tu novio anterior.

Conecto luego existo. *No conecto*, luego insisto.

Súper Era

Era un bebé tan pero tan feo que su madre *en vez de darle el pecho le daba la espalda.*

Era un cazador tan pero tan malo que cuando iba a cazar, *los conejos en lugar de huir, le pedían autógrafos.*

Era un río tan pero tan seco que *hasta las ranas llevaban cantimplora.*

Era tan pero tan fea que le decían la dieta porque nadie la seguía.

Era una chica tan pero tan mona *que sólo comía maníes.*

Modestia: Reconocer que uno es perfecto, pero sin decírselo a nadie.

Era un chiste tan pero tan malo *que tuvieron que castigarlo.*

Molesto: Persona que habla cuando uno desearía que escuchase.

Era una ciudad tan pero tan pobre que *tenía los semáforos en blanco y negro.*

Era un coche tan pero tan moderno que *en vez de radio tenía diámetro.*

Era una escuela tan pero tan pobre que el maestro *hasta tenía que poner los alumnos.*

Era tan pero tan alto que *tenía una nube en un ojo*.

Era tan pero tan avaro que *prestaba atención con mucho interés*.

Era tan pero tan bueno que cuando fue al médico y vio un cartel que decía "sea breve" *se murió*.

Era tan pero tan cabezón que se insoló y *se acabó el verano*.

Era tan pero tan cabezón que *tenía dos piojos y no se conocían*.

Era tan pero tan calvo que *se le veían las ideas*.

Era tan pero tan escrupuloso que apenas el dentista le terminó un puente *fue a hacérselo revisar por un ingeniero de obras públicas*.

Era tan pero tan desafortunado que puso una pastelería y *le salió el cabello de ángel con caspa*.

Era tan pero tan largo que *le pusieron de nombre "Continuará"*.

• • • • • • • •
Un gallego común pierde de dos a tres calcetines al año. Si los multiplicamos por toda la población española, eso supone un total de unos cien millones de calcetines perdidos. *¿¿¿Dónde coño están esos cien millones de calcetines???*
• • • • • • • •

Era tan pero tan listo que cuando una máquina le iba a machacar la mano derecha, la sacó *y puso la izquierda.*

Era un bombero tan pero tan perezoso y vago que cuando había un incendio *esperaba algunas horas para ver si llovía.*

El gallego Paco era tan pero tan ceremonioso que cuando compró un mechero invitó al señor presidente *para que le pusiera la primera piedra.*

Era tan pero tan enfermizo *que no llegó al final de sus días.*

La gallega María era tan pero tan gorda que cuando tenía que vestirse de largo *se vestía de ancho.*

El gallego Paco era tan pero tan limpio que colocaba papel higiénico *debajo del cucú del reloj.*

El gallego Paco era tan pero tan desconfiado que en las partidas de dominó nunca abría juego *si no era ante notario.*

Era tan pero tan avaro que no sólo no veía la televisión en color, tampoco en blanco y negro y obligaba a su familia *a verla en blanco solamente.*

Amistad: Contrato por el cual nos obligamos a hacer pequeños favores a los demás para que los demás nos hagan favores grandes a nosotros.

106

Súper ¡Fa!

–¿Cuál es la definición de "hacer el amor"?
–Algo que la mujer hace mientras el hombre se la folla.

El gallego Muleiro era tan pero tan tonto que no compraba mesita de noche *porque no tenía dónde ponerla de día.*

–¿Cómo sabemos que Dios es hombre?
–Si Dios fuese mujer, el semen tendría gusto a chocolate.

–¿Cómo harías reír a Dios?
–¡Cuéntale tus planes para el resto de tu vida!

En un campo de golf un gallego busca una pelota. No la encuentra. Alguien intenta ayudarlo, y le pregunta:
–Oiga, ¿cómo era su pelota?
–Verde.
–Pero ¿cómo se le ocurre usar una pelota verde para jugar al golf sobre el césped?
–Es que así resulta muy fácil verla en los bancos de arena...

El gallego Manolo se compró unos anteojos. Al día siguiente volvió a la óptica.
–Buenos días. Quiero unos anteojos para leer.
–¿Otros? Si ya le vendí unos ayer.
–Sí, pero es que ésos ya me los he leído.

El gallego Pepe era tan pálido que cada vez que se descuidaba, lo enterraban vivo.

Magnate: Hombre que gana el dinero más rápido de lo que tarda en gastarlo su esposa.

Súper Fábula

Todas las hormigas llevaban la carga de alimentos en sus espaldas. Mientras tanto, a la sombra de un árbol la cigarra cantaba sus alegres y afinadas canciones.

–*Buenos días, queridas hormiguiñas. Lamento que tengáis que trabajar en este mes, cuando uno debería estar tomando el sol y descansando de la fatiga del invierno.*

Las hormigas, sorprendidas por lo que les acababa de decir la cigarra, miraron a la reina, esperando que les dijera algo.

–Mis queridas amigas: aunque ahora la veis tan alegre y despreocupada, la cigarra vendrá a pedirnos ayuda cuando llegue el invierno. Porque cuando llegue el frío no tendrá dónde refugiarse.

Los primeros fríos llegaron en noviembre.

Las hormigas cocinaban en sus casas los alimentos que habían recogido durante el verano.

De pronto, llamaron a la puerta:

–*¡Toc, toc, toc!*

–¿Veis, coño? ¡Ya os lo había dicho yo! Es la cigarra que viene a pedirnos ayuda. ¡Abrid, abrid y en seguida comprenderéis que el trabajo realizado no ha sido inútil, joder!

Abrieron la puerta y apareció la cigarra abrigada con un carísimo tapado de visón y un Rolls Royce con chofer.

–*¡Queridas hormigas, vengo a deciros adiós! Me voy a París.*

–¿¿¿¡¡¡A París!!!??? ¡Joder!

–*Pues sí. Me han* contratado durante *todo* el invierno para actuar en el *Olimpia. Mis canciones han gustado mucho.*

–¿Has dicho que vas a París?

–*Sí, a París.*

–Entonces ¿podrías hacerme un favor?

–*El que quieras.*

–Si en París ves a un tal La Fontaine, ¿le dices de mi parte que se vaya a la putísima madre que lo parió?

Súper Fe

–¡Tanto tiempo sin vernos, Beto! ¿Cómo te van las cosas?
–*Bien, bien. Puse un negocio y al final pude comprarme un pequeño cochecito. ¿Y tú?*
–¿Yo? Bebo.
Pasaron dos años más sin verse y se encontraron de nuevo.
–¿Cómo te va?
–*Diría que cada vez mejor. Ahora tengo un Peugeot. Es un coche estupendo. ¿Y tú?*
–¿Yo? Bebo.
Pasaron otros cuatro años y volvieron a encontrarse.
–¿Cómo te va?
–*¡Sensacional! Me compré un Volvo. ¿Y tú?*
–Yo, un Rolls Royce.
–*¿Un Rolls?, ¿cómo hiciste?, ¿ganaste la lotería?*
–No, vendí todas las botellas vacías.

–¿Cuál es su problema?
–*Desde hace dos años sueño siempre que juego para Boca.*
–¿Y nunca sueña otras cosas? ¿No sueña con mujeres?
–*¡No, doctor! Jugando de guardameta, como yo juego, un momento de distracción ¡haría perder a mi equipo!*

Dos monjas viajaban en un Citroën.
De pronto, *se quedaron sin gasolina.*
Estaban en medio de la carretera.
No pasaba nadie.
Decidieron ir a buscar un poco de *gasolina caminando.*
Pero no tenían en qué llevarla.
Recorrieron las cercanías del lugar:
–*¡Gracias a Dios! Mire, sor María: he encontrado un orinal.*
–Muy bien, hermana Paca. Deme usted la escupidera que yo iré a buscar la gasolina.

Sor María fue en busca de una gasolinera.

Regresó una hora después con el orinal repleto de gasolina.

Estaba a punto de echarla en el tanque, cuando pasó por allí un jeep repleto de muchachos.

Uno, al verla en semejante tarea, gritó:

–*¡Qué lo parió, hermana! ¡Eso sí es tener fe!*

Fe: Creer sin evidencia en algo que dijo alguien sin conocimiento, sobre cosas sin fundamentos.

Los católicos saben que José, padre de Jesús, era carpintero.

San José murió. La Virgen María también murió. Y Jesús, que era su único heredero, también murió.

Entonces, de la carpintería ¿qué se sabe? ¿*Se alquiló?* ¿*Se vendió? ¿Se traspasó? ¿Tenía una hipoteca?*

Fernando: Gerundio del verbo *Fernar.*

–*¡Qué emocionante debe ser disparar contra una pantera y ver que cae muerta!*

–Sí, pero mucho más emocionante es disparar contra la pantera y ver que *no* cae muerta.

El entrenador me dijo que juegue pegado a la línea blanca.

Maradona

–¿Quién inventó el parlante?

–*Dios en el paraíso con una costilla de Adán.*

El 67 por ciento de las estadísticas son falsas.

–¿Quién es el mejor amigo de la mujer?

–*El caballo. Si no ¿quién iba a tirar del carro?*

Súper Feministas

−¿Por qué a los hombres les gustan tanto los coches y las motos?
−*Porque son lo único que pueden manejar.*

−¿Qué hacen las mujeres hasta que encuentran al hombre de su vida?
−*Se casan.*

−¿Qué le falta a un hombre para ser perfecto?
−*Todo.*

−María, ¿qué me das por mi marido?
−*Nada.*
−¡Trato hecho!

−¿Qué hacen 50 hombres en una sala?
−*Medio cerebro.*

−¿Qué hace una mujer poniéndole los cuernos a su marido con un enano?
−*Se quita el vicio poco a poco.*

−¿Cómo vuelves loco a un hombre en la cama?
−*Escondiéndole el control remoto.*

−¿Cómo llamas a un hombre que se cambia de sexo?
−*Inteligencia artificial.*

Los hombres siempre quieren ser los *primeros en la vida de una mujer.* Las mujeres, en cambio, quieren ser las *últimas en la vida de un hombre.*

¿Por qué las mujeres abren la boca cuando están poniéndose alguna crema en la cara?

−¿Qué logras al tener dos pequeñas bolas en tus manos?
−*La completa atención de un hombre.*

−¿Por qué es tan difícil encontrar hombres caballerosos, bien parecidos y generosos?
−*Porque todos ésos ya tienen novios.*

−¿Cómo se llama la modalidad de tenis en la que en cada lado de la cancha hay una mujer y un hombre?
−*Individual femenino con obstáculos.*

−¿En qué se parece un hombre a un microondas?
−*Al principio piensas que sirve para todo y al final sólo sirve para calentar.*

Al gallego Manolo le dicen viernes santo: *nada de carne.*

−¿Qué dice una mujer después de hacer el amor?
−*¿Cómo que ya está?*

−¿Por qué hacen falta millones de espermatozoides para fertilizar un solo óvulo?
−*Porque los espermatozoides son masculinos y se niegan a preguntar cuál es el camino.*

−¿Cómo se llama esa cosa de piel siempre inflada que llevan los hombres en los pantalones y que vuelve locas a las mujeres?
−*Cartera llena de billetes.*

–¿Qué tiene diez brazos y un coeficiente intelectual de 60?
–*Cinco hombres viendo un partido de fútbol.*

–¿Qué consigue que todos los hombres sean hermosos?
–*La oscuridad.*

–¿Qué hay detrás de un hombre inteligente?
–*Una hábil ventrílocua.*

–¿Por qué los hombres ladean la cabeza para pensar?
–*Para que las dos únicas neuronas hagan contacto.*

–¿En qué se parecen los ex novios a las resacas?
–*Son un mal necesario para pasarlo bien.*

–¿Por qué la inteligencia de un hombre no se puede pagar con dinero?
–*Porque no existe una moneda tan pequeña.*

–¿Qué es lo único malo del pene?
–*El hombre.*

–¿En qué se parecen los hombres a los pedos?
–*En que te los tiras cuando quieres.*

–¿En qué se parece un hombre a un comercial?
–*En que puede parecer muy atractivo pero viéndolo bien es monótono y aburrido.*

· · · · · · · ·
La verdadera historia de la creación del mundo: El primer día, Dios creó el mundo y descansó. El segundo día Dios creó al hombre y descansó. El tercer día Dios creó a la mujer y *desde entonces ¡¡¡no descansa ni Dios!!!*
· · · · · · · ·

113

Súper Fenomenales

–¿Por qué las mujeres de hoy no se quieren casar?
–*Porque no quieren cargar con el cerdo por 10 gramos de chorizo.*

–*¿Por qué el sexo es la democracia perfecta?*
–Porque goza tanto el de abajo como el de arriba.

–¿Por qué las mujeres no tienen cerebro?
–*Porque no tienen un pene donde ponerlo.*

–¿Por qué los hombres tienen más estómago que cabeza?
–*Porque es más fácil alimentarlos que educarlos.*

–¿Por qué dio Dios una neurona más a los hombres que a los caballos?
–*Para que no se cagaran en los desfiles.*

–¿En qué se parecen los hombres a los mocos?
–*Te molestan y te los quitas de encima, pero siguen apareciendo más.*

–*¿Con quién se casaría Mercedes?*
–Con un fabricante de coches.

–¿En qué se parece el acostarse con un hombre a una telenovela?

–*Justo cuando las cosas empiezan a ponerse interesantes, el episodio se acaba.*

–*Creo que estoy embarazada, doctor.*
–¿*Es que su marido no toma precauciones?*
–*Él sí, pero los otros no.*

–¿*En qué se parecen los hombres a las moscas?*
–*Amanecen, se soban los ojos por 5 minutos y después joden todo el día.*

–¿*En qué se parece un hombre a una papa?*
–*No sé.*
–*En que los dos están mejor bajo tierra.*

–¿*En qué se parecen las mujeres a los chorizos?*
–*En que cuando se calientan, chorrean.*

–¿*Cuál es el gran misterio acerca del hombre?*
–*Cómo puede envejecer y seguir siendo inmaduro.*

• • • • • • • •
Temer al amor es temer a la vida, y los que temen a la vida ya están medio muertos.
• • • • • • • •

–¿**Por qué las mujeres dejan de menstruar después de los 40?**
–**Porque necesitan guardar sangre para las várices.**
• • • • • • • •

–¿**Con quién se casaría Remedios?**
–**Ni idea.**
–**Con un boticario.**
• • • • • • • •

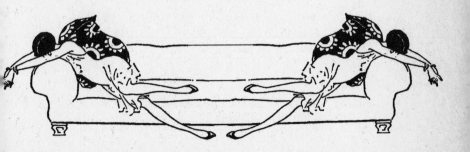

Súper Feo

Bueno: Estás de acuerdo con no tener más hijos.
Malo: No encuentras las pastillas anticonceptivas.
Feo: Las tiene tu hija.

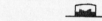

Bueno: Tu hijo siempre está estudiando en su cuarto.
Malo: Encuentras varios cassettes pornográficos en su cuarto.
Feo: Tú apareces en ellos.

Bueno: Tu esposo entiende mucho de moda femenina.
Malo: Él usa tu ropa.
Feo: Le queda mejor que a ti.

Bueno: Tu hijo está madurando por fin.
Malo: Se está acostando con la vecina de enfrente.
Feo: Tú también.

Bueno: Tú le das clases de educación sexual a tu hija.
Malo: Ella se pasa el rato interrumpiéndote.
Feo: Sus consejos son mejores que los tuyos.

Bueno: Tu esposa no te está hablando todo el día.
Malo: Ella quiere el divorcio.
Feo: Ella es abogada.

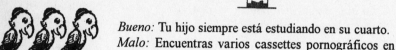

Bueno: Tu hijo está saliendo con alguien.
Malo: Es otro hombre.
Feo: Es tu mejor amigo.

La Paca, mi mujer, tiene tan poco encanto que su ginecólogo la llama "señor".

• • • • • • • •

Soy lo suficientemente feo y lo suficientemente bajo como *para triunfar por mí mismo.*

• • • • • • • •

—¿Cuál es la diferencia entre una copa de gelatina y una frígida?
—*La gelatina se mueve cuando te la comes.*

• • • • • • • •

116

Bueno: Tu hija consiguió trabajo.
Malo: Como prostituta.
Feo: Tus compañeros de trabajo son sus clientes.
Muy Feo: Ella gana más que tú.

Bueno: Tu esposa está embarazada.
Malo: Son mellizos.
Feo: Te hiciste la vasectomía hace cinco años.

—¡Papá, quiero una gorra! ¡Papá, quiero una gorra! ¡Papá, quiero una gorra!
—*¡Basta ya! Voy a darte un bofetón que te arrancaré la cabeza.*
—Claro... ¡Para no comprarme la gorra!

—*¿Con quién se casaría Caridad?*
—Con un mendigo.

—*¿Sigues siendo novio de Pepita?*
—Ya no.
—*Te felicito; era fea, tonta, indigna de ti. Me alegro de que no sea ya tu novia.*
—Ahora es mi esposa.

—¿No trabajas como taxista, Pepe?
—*No, Manolo. Abandoné ese horrible trabajo.*
—¿Por qué?
—*Pues, porque odio que hablen a mis espaldas.*

Dentista: Personaje milagroso cuya sola presencia nos quita el dolor de muelas.

• • • • • • • •

Cintura: Lugar del cuerpo donde termina lo humano y empieza lo divino. *(Empezando por arriba).*

• • • • • • • •

Hospitalidad: La virtud de alojar en tu casa a las personas que no lo necesitan.

• • • • • • • •

Súper Food

—A ver, camarero: tráigame usted una botella de vino Marqués de Riscal, selección.
—*¿Año?*
—Si fuera posible, *ahora mismo.*

—¿Qué vas a comer, Pepe?
—*A mí sírvame un bocadillo de caquiñas con cebollas.*
—¿Y tú, Paco?
—Pues, a mí otro de caquiña. Pero sin cebollas porque si no *después tengo mal aliento.*

—¿Cómo vas con tu mujer, Pepe?
—*Estupendo. Hace poco he celebrado las bodas de papel.*
—¿Bodas de papel?
—*Hace un año que al llegar a casa me encuentro un papel que dice: "La cena está en la nevera".*

—¡Hijo, arranca el tractor!
—*Padre, ¡no sabía que lo habías plantado!*

Paco fue de vacaciones a Londres. Al volver, le contó a sus amigos:
—*Yo siempre me pregunté por qué los ingleses bebían tanto té... hasta que un día probé su café.*

El gallego Muleiro entró por primera vez a un restaurante de lujo.
Sus maneras en la mesa eran desastrosamente brutas.
—*Camarero, ¿ves aquel tipo que lleva la servilleta*

- - - - - - - -
—Si tres gatos atrapan tres ratones en tres minutos, ¿cuántos gatos serán necesarios para atrapar cien ratones en cien minutos?
—*Tres gatos.*
- - - - - - - -

al cuello? *Bien, llámale discretamente la atención
y dile que no dé la nota.*
El camarero, casi un lord inglés, se acercó dignísimo:
—Buenas noches. ¿Qué desea el caballero? *¿Afeitarse
o cortarse el pelo?*

—¡Hombre! ¡Juan! ¡Me han dicho que te has casado!
—*¡Pues sí! Estaba un poco harto de comer en restaurantes.*
—¿Y ahora qué tal?
—*Bueno, empiezo a cogerle el gusto otra vez.*

Nueva dieta gallega para adelgazar:
Bebes cuatro docenas de vasos de vino tinto al día. Se garantiza que *te olvidas por completo de que eres gordo.*

—Camarero, ¿usted cree que lo que tengo en el tenedor es carne de cerdo?
—¿A qué lado del tenedor, señor?

—*Oye, el otro día que vine mi sopa tenía una mosca
y hoy tiene un huevo duro, ¿por qué?*
—Porque se nos han acabado las moscas.

—*Oye, ¿por qué no entraste al restaurante La Pan-
tera Rosa? ¡Se come muy bien!*
—Es que estaba lleno.
—*No digas mentiras, siempre hay sitio allí.*
—No, si el que estaba lleno era yo.

119

Súper Fusión

Al gallego Muleiro le dicen *"fotógrafo de avión"* porque *toma siempre de arriba.*

Al gallego Manolo le dicen *"gato de iglesia"* porque *lo mantiene el padre.*

La paz y el amor son lo más importante del mundo. La paz ya está hecha, ¡¡¡hagamos el amor!!!

Al gallego Paco le dicen *"huevo de nevera"* porque *está siempre parado en la puerta.*

Al gallego Pepe le dicen *"león de circo"* porque *hay que castigarlo para que trabaje.*

Los machos no usamos profilácticos, directamente *las mandamos a plastificar.*

A la gallega Muleiro le dicen *"farmacia abandonada"* porque *no tiene más remedio.*

A la gallega María le dicen *"loro al hombro"* porque *te habla al oído y te caga por la espalda.*

120

Al gallego Paco le dicen *"crimen perfecto"* porque *no se le encuentra la pistola.*

El Papa compró condones *por si la santa cede.*

A la gallega Paca le dicen *"campamento indio"* porque *no le entra ningún vaquero.*

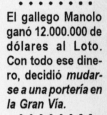

El gallego Manolo ganó 12.000.000 de dólares al Loto. Con todo ese dinero, decidió *mudarse a una portería en la Gran Vía.*

A la gallega Paca le dicen *"plastilina"* porque *sólo sirve para hacer idioteces.*

Cristo es el camino, *los pastores cristianos el peaje.*

El capitán dijo: todos al cuarto de máquinas... *y Máquinas durmió afuera.*

Al gallego Muleiro le dicen *"caballo de estatua"* porque *no te caga pero tampoco te lleva a ningún lado.*

Una mujer acompañó a su marido a la consulta del médico. Después del chequeo, el galeno llamó a solas a la mujer a su despacho:
—*Tu marido tiene una enfermedad muy grave combinada con un estrés horrible. Si no haces lo siguiente, sin duda morirá: cada mañana prepárale*

un desayuno saludable. Sé amable y asegúrate de que esté siempre de buen humor. Prepárale para la comida algo que le alimente bien y que pueda llevar al trabajo. Y cuando vuelva a casa más tarde, una cena especial. No le agobies con tareas, ya que esto podría aumentar su estrés. No hables de tus problemas ni discutas con él, sólo agravarás su enfermedad. Intenta que se relaje por las noches utilizando ropa interior sexy y dándole muchos masajes. Anímale a que vea algo de deportes en la televisión. Y, lo más importante, haz el amor con él varias veces a la semana y satisface todos sus caprichos sexuales. Si puedes hacer esto durante los próximos diez o doce meses, tu marido recuperará su salud completamente.

De camino a casa, el marido preguntó a su mujer:
—¿Qué te dijo el médico?
—Que te vas a morir.

La vida es una enfermedad mortal *que se transmite sexualmente.*

Termine con el hambre y la pobreza: *cómase un pobre.*

En la puerta de mi casa planté un árbol. *¡Qué imbécil! ¡¡¡Ahora no puedo salir!!!*

Al gallego Paco le dicen *"bombacha de goma"* porque *no le pasa el pedo.*

Dios creó a Adán, pero fue Eva la que *hizo un hombre de él.*

Súper Gallegos

–¡Manolo, venga! Como es su primer día de trabajo le diré cuál es su tarea. Aquí tiene: un balde y un cepillo. Debe fregar todo este piso.
–*Oiga, ¿usted no sabe que yo me he graduado en la Universidad de Galicia?*
–¿Ah, sí? Pues entonces disculpe, *le enseñaré cómo se hace.*

–Manolo, afuera hay un hombre con una cara horrible.
–*Dile que ya tienes, Paca. Dile que ya tienes.*

–No te veo bien, Manolo.
–*¿Sabes, Pepe? Todas las mañanas, cuando me levanto, siento un terrible dolor de cabeza.*
En eso interrumpió la esposa del Manolo:
–Y eso que yo, antes de que se levante, siempre le digo: *"¡Primero los pies, Manolo! ¡Primero los pies!"*

–¿Hola? ¿Habla Paco?
–*Ése soy yo.*
–Paco, soy el Pepe. Oye, regresa cuanto antes al pueblo. Por aquí pasó un terrible huracán y se llevó tu casa.
–*Ja, ja, ja... pero eso es imposible, Pepe.*
–¿Por qué?
–*¡Hombre, pues porque tengo la llave de mi casa en el bolsillo! Ja, ja, ja...*

La gallega Muleiro se olvidó de sacar la bolsa de la basura, antes de salir de su casa.
Al ver pasar a los de la recolección, salió corriendo de-

. . . .
–¿Por qué los gallegos ponen avispas en la comida?
–*Para que pique más.*
. . . .
La gallega Paca se había casado con un negro para no pasar las noches en blanco.
. . . .

sesperadamente detrás del camión gritando:
–*¿Estoy a tiempo para la basura?*
–Sí, señora, *¡salte!*

–¿Me quieres, Pepe?
–*Claro, Paca.*
–Si me pegara un tiro, ¿lo sentirías?
–*¡Desde luego! ¿Te crees que soy sordo o qué?*

· · · · · · · ·
–¿Qué tienes en esa pierna, Manolo?
–*Una marca de nacimiento.*
–¡Joder! ¿Y desde cuándo la tienes?

· · · · · · · ·

Un importante industrial hablando por teléfono:
–*¡No me importa que sea usted una grabación! ¡No me interrumpa!*

· · · · · · · ·

Un jugador no muy avanzado, al campeón gallego de ajedrez:
–*No sería justo que jugásemos en igualdad de condiciones. Tiene usted que darme alguna ventaja.*
–De acuerdo. Yo jugaré con una sola mano.

Durante el juicio se demostró que de ninguna manera el acusado, Pepe Muleiro, podía ser culpable: en la fecha del delito que se le imputaba, *él se encontraba en la cárcel cumpliendo otra condena.*
Al enterarse de esto, su defensor le reclamó:
–*¿Y por qué no dijo desde el principio que estaba en la cárcel?*
–¡Pues para no predisponer al jurado en mi contra, coño!

–¿Usted cree que la televisión podrá llegar a sustituir al periódico, Muleiro?
–*¡Imposible, joder! ¡Trate usted de darse aire o de matar una mosca con el televisor!*

El gallego Paco escapó de la cárcel al mediodía.
A las nueve de la noche, volvió a la cárcel.
–*¿Por qué has regresado, Paco?*

—Es que hace un rato llegué a la casa y lo primero que hizo mi mujer fue gritarme: *"¡La radio dijo que te habías fugado a las doce, y son las ocho! ¿Se puede saber qué diablos has estado haciendo durante tantas horas?"*

—¿Cuál es el pronóstico del tiempo para esta tarde, don Pepe?
—*Parcialmente lluvioso.*
—¿Y para mañana?
—*Parcialmente soleado.*
—Dígame una cosa: ¿qué tal son sus pronósticos?
—*Parcialmente acertados.*

Radio Galicia:
—*El delantero Muleiro, del deportivo La Coruña, toma el balón y avanza rápidamente. Cruza la media cancha, se interna a toda velocidad, llega al área grande, entra al área chica, se acerca a la meta... y ¡la entrega a su portero!*

En la ONU se conoce mucha gente fascinante.
Por ejemplo, el gallego Muleiro.
Solía llevar un uniforme *púrpura*, hombreras *doradas*, sombrero *verde* con plumas *anaranjadas* y botines con *lentejuelas*.
—Me encanta su uniforme. ¿En qué departamento está, Muleiro?
—Soy del Servicio Secreto.

El gallego Manolo perseguía a un jabalí por el monte con claras intenciones de hacerle el amor.
—*Manolo, ¡verás que dentro de cinco minutos vas a darme la razón de aquello que te dije!*

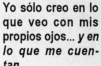

Para el optimista, el vaso está *medio lleno.* Para el pesimista, el vaso está *medio vacío.* Para el gallego, el vaso *es el doble de grande de lo que debería ser.*

Yo sólo creo en lo que veo con mis propios ojos... *y en lo que me cuentan.*

–¿Qué fue lo que me dijiste, Paco?
–*¡Que necesitas gafas, Manolo!*

–¿Cómo se sabe que un hotel es gallego?
–*No sé.*
–Le roban las toallas a los huéspedes.

El gay en la oficina de impuestos:
–*Hola, ¿aquí es donde se hacen las declaraciones?*
–Sí, señor.
–*¡Te amo!*

· · · · · · · ·

–¿Cuál es la diferencia entre una bola de bowling y una mujer?
–*A la bola de bolos sólo le puedes meter tres dedos.*

· · · · · · · ·

En el aeropuerto gallego:
–*Deme Florida, sólo ida.*
Cuando le tocó al gallego Pepe:
–*Deme Nueva York, sólo York.*

–¿Por qué el gallego regó *nada más que la mitad de su jardín?*
–*Ni idea.*
–Porque escuchó en la tele que había un *50 por ciento* de probabilidades de lluvia.

Había un perro gallego que cuando le gritaban: *"¡Ataque!"* se tiraba al piso y le daban convulsiones.

–¿Por qué los gallegos usan pijama para andar en moto?
–*Para acostarse en las curvas.*

–¿Cuál es la definición de sádico, Manolo?
–*Un proctólogo que guarda su termómetro en el freezer.*

A la gallega María le dicen caja fuerte porque *le tocas la combinación y se abre.*

126

Súper Gays

Llegó un policía a una casa donde había una fiesta de gays. Apenas tocaron la sirena, salió un maricón corriendo y se subió al carro policial.

–*Y a ti, ¿qué te pasó que te subiste tan rápido?*
–Es que el año pasado me tocó *ir de pie.*

Un mariquita fue al psicólogo.

–*¿Hay algún antecedente de homosexuales en su familia?*
–Sí, la verdad es que mi hermano también es homosexual... ¡Ah! Y mi padre también.
–*¿Alguien más?*
–Sí, ahora que lo pienso, mi tío también.
–*Dígame, en su familia, ¿a nadie le gustan las mujeres?*
–¡Sííí! ¡A mi hermana y a mi mamá, sí!

–*¿Por qué los mariquitas gallegos no se cambian el sexo?*
–*Porque tienen miedo de que el médico se equivoque y los convierta en hombres.*

Dos homosexuales se conocen en Ezeiza, antes de partir para Madrid, y ya en el viaje eran grandes amigos. Llegada la nochecita uno le dice al otro:
–*"¿¿¿Y si hacemos el amor un ratito???"*
–*¿¿¿Estás loco??? ¡Nos oirían todos!*
–*No, están todos dormidos, vas a ver...*
Se da vuelta en el asiento mirando para atrás y grita:
–*¡¡¡¿¿¿Alguien tiene un cigarrillo???!!!*
Nadie contestó.
–*¿Viste? Te lo dije ¡¡¡todos duermen!!!*
–Tienes razón ¡vamos a darle!
Más tarde, ya cansados, se durmieron.
A la medianoche, la azafata, caminando por los pasi-

Tengo un amigo que es homosexual, pero se acuesta con mujeres *porque se siente lesbiana.*

–¿Sabías que todos los condones llevan un número de serie?
–No, no lo sabía.
–¡Ja, ja! ¡¡¡Otro que nunca ha tenido que desenrollarlos del todo!!!

–Juan, nunca me han hecho sentir mujer.
–*No desesperes, Rodolfo, no desesperes.*

llos, miraba a los pasajeros que dormían.

De pronto, en el asiento de atrás de los mariquitas, viajaba un ancianito que temblaba muchísimo. Casi incontroladamente.

La azafata se le acercó:

–*Señor, ¿¿¿le pasa algo???*

–¡¡¡Tengo mucho frío!!!

–*Pero señor ¡me hubiese pedido una frazada y yo se la traía!*

–¿Está loca? ¡¡¡Éste de aquí adelante pidió un cigarrillo y lo clavaron contra el asiento! ¡Ni loco pido algo yo aquí!

Varios ancianos gays en una celebración.

–*Cuando me muera quiero donar mis ojos.*

Otro se para y dice:

–*Cuando me muera quiero donar mi hígado.*

Todo el mundo empieza a decir lo que va a donar cuando mueran, pero falta un septuagenario. Cuando llega su turno declara:

–*Cuando yo me muera voy a donar mi pene.*

Y todos los presentes exclaman:

–¡Joder, nadie nunca dijo eso! ¡Viva el señor que va a donar su pene!

Para felicitarlo, la concurrencia empieza a gritar con enorme entusiamo:

–¡Que se pare, que se pare!

El viejito, con una sonrisa, asegura:

–*¡Ah, no! Si se para yo no lo dono.*

• • • • • • •

Las mujeres deben respetar a los hombres... *y los hombres deben respetar a los animales.*

• • • • • • •

–¿Cuántos hombres se necesitan para cambiar la lamparita de luz de la cocina?

–Ninguno. ¡Que laven a oscuras esas hijas de puta!

• • • • • • •

Súper Gel

–¿Cómo manda una carta un gallego cuando no tiene una estampilla de 25 pesetas?
–*Pone una estampilla de 35 y otra de 10 pesetas pero separadas por un signo "menos".*

En Galicia, las botellas tienen abajo una leyenda que dice: *Ábrase por el otro extremo.*

–Oye, Pepe, ¡qué hijo tan feo tienes!
–*Es igual... ¡como lo quiero para el campo...!*

–¿Cómo puedes hablar con la boca llena, Muleiro?
–*Sé que no es fácil, por eso me entreno todos los días.*

–Si besarse es contagiar gérmenes... *¿qué te parece si empezamos la epidemia?*

–¿Cuál es la ventaja de casarse con una mujer?
–*Puedes estacionar en los lugares para discapacitados.*

–¿Cómo se le dice a un *personal trainer* que no causa dolor ni cansancio?
–*Desempleado.*

La mujer es:
Suma de problemas.
Multiplicación de gastos.
División de opiniones.

Cuando era adolescente, Manolo sufrió serios daños cerebrales: *lo golpearon con una servilleta de papel en la cabeza.*

–¿Por qué las mujeres tienen sólo dos neuronas?
–*Una para bajarse las bragas y la otra para subírselas.*

Aviso en un hospital gallego:
"Trate con consideración a los empleados. Son más difíciles de conseguir que los enfermos".

Súper God

Había un santo muy preocupado porque nadie le rezaba. La gente le rezaba a San José, a San Pedro, a San Cayetano, a San Antonio; pero a él... ¡nada!

Dios le recomendó:

–*Hazte unas tarjetas de presentación y repártelas por todo el mundo. Di que haces milagros por encargo; eso sí, no se las des ni a los mariquitas, ni a las mujeres fáciles.*

Lo hizo.

Ahora es el santo más milagroso y el que tiene más devotos en todo el mundo.

–*¿Sabes cómo se llama ese santo?*

–¡Piensa! ¡Acuérdate!

–*¿No sabes? ¿¿¿¡¡¡No sabes!!!???*

–¡¡¡Aaaajáááá!!! ¡No te dieron la tarjetita!

Jesucristo caminaba por el desierto con sus doce apóstoles.

–*¡¡¡Tomad una piedra y marchad con ella a cuestas!!!*

Todos tomaron una bien grande, salvo Judas que tomó una bien pequeñita.

Al poco tiempo le dijeron:

–¡¡¡Maestro, tenemos sed!!!

Entonces Jesucristo exclamó:

–*¡¡¡Que las piedras se conviertan en agua!!!*

Todos bebieron hasta hartarse menos Judas, a quien apenas le alcanzó para un sorbito. Jesucristo ordenó:

–*¡¡¡Tomad otra piedra para volver a caminar!!!*

Todos la tomaron. Pero Judas, esa vez, tomó un peñasco de una tonelada.

Trescientos kilómetros después vieron a un campesino que no obtenía cultivo de su tierra por falta de abono. Entonces, Jesucristo exclamó:

–*¡¡¡Que las piedras se conviertan en abono!!!*

Judas, casi tapado de abono, extendió sus brazos y clamó al cielo:

–¿Es o no es para traicionarlo?

Súper Gol

Uno de los tantos empresarios que pululaban en el ambiente del fútbol le hizo llegar la siguiente información al presidente de un club:

—En la liga de Kosovo hay un goleador que anota cuatro goles por partido.

Aunque incrédulo, el presidente del club viajó a los Balcanes en medio de bombardeos y fue a ver un partido en el que Mirko Golisevic era figura, quien anotó, efectivamente, tres goles.

Luego de rápidas negociaciones, y por un precio modestísimo, el goleador viajó a Buenos Aires y debutó en un partido de semifinales.

Tres partidos después, en plena concentración para la final, preocupado porque su cuota había bajado a dos goles por partido, llamó a su esposa Irina y le preguntó por las novedades en casa.

—*Por acá todo mal: ¡¡¡al abuelo lo mataron anoche... una banda armada intentó ingresar a nuestra casa `en la madrugada... todas las noches se escuchan tiros... hay muchos apagones de luz... a la nena la violaron hoy en la mañana y a mí me robaron todo lo que llevaba hoy en la tarde mientras recogía a la nena del hospital...!!! ¡¡¡Y todo esto es por tu culpa, Mirko...!!!*

—¿Por qué tengo yo la culpa de todo esto?

—*¿Y quién nos trajo a vivir a Buenos Aires? ¡¡¡Tan tranquilos que vivíamos en Kosovo!!!*

El amor hace pasar el tiempo; *el tiempo hace pasar el amor.*

El gallego Muleiro volvía de Barcelona a Madrid. Había concurrido al partido Barcelona-La Coruña. Iba por la carretera en un viejo coche, roto y desvencijado.

Se detuvo en un taller para que le arreglasen la bomba del agua.

—¿Cree que podré llegar a la ciudad?

—Con la bomba sí, pero con el resto del coche, no sé.

Súper ¡Gong!

–Estás en una habitación con Osama bin Laden, Adolf Hitler y Enrique Iglesias... tienes un arma, pero sólo dos balas. ¿Qué haces? ¿A quién le disparas?
–*A Enrique Iglesias dos veces... para estar seguro.*

–¿Qué diferencia hay entre un contrabajo y un ataúd?
–*En el contrabajo el muerto es el de afuera.*

–¿Cuántos contrabajistas gallegos son necesarios para cambiar una bombilla?
–*Ninguno. Un pianista lo puede hacer con su mano izquierda.*

–¿Para qué se inventó el piano?
–*Para que los músicos tuvieran un lugar donde apoyar la cerveza.*

–¿Cómo hacer que un contrabajo suene afinado?
–*Cortándolo en pedacitos y convirtiéndolo en un xilofón.*

Los guitarristas gallegos pierden la mitad de su tiempo afinando su instrumento y *la otra mitad tocando desafinados.*

Durante un concierto, el flautista se sacó de la nariz un moco impresionante. Alguien del público gritó:
–*¡Flautista animal!*

–¿Por qué los gallegos nunca cantan bingo?
–*Porque no se saben la letra.*

El director miró enfadado hacia la platea, pero siguió dirigiendo. Al rato, otro moco del flautista y otra vez gritaron:

–*¡Flautista animal!*

El director cabreado miró amenazador al público, pero continuó en su trabajo. Finalmente otro mocazo del flautista, y otra vez:

–*¡Flautista animal!*

El director detuvo el concierto. Puso al flautista al frente del escenario y se dirigió al auditorio muy enfadado:

–*Quisiera saber quién, desde el anonimato y oculto entre la multitud, le ha gritado "flautista" ¡a este animal!*

–¿Por qué las arpas parecen ancianos?

–*Porque ambos son difíciles de meter y sacar de los coches.*

–¿Por qué es mejor un piano de cola que uno vertical?

–*Porque hará mucho más ruido cuando lo tires por el acantilado.*

El órgano es un instrumento de culto porque cuando comienza a sonar, sentimos *el Poder de Dios* y cuando termina decimos *"¡Gracias a Dios!"*.

Un piano. El invitado a la dueña de casa:

–Me han dicho que usted es una amante de la música...

–*Sí, pero no importa, ¡toque si lo desea!*

Era un cantante tan malo que cantaba acompañado por dos guitarristas *y tres guardaespaldas.*

Súper ¡Guau!

–¿Cuál es la diferencia entre un argentino sabio y un argentino idiota?
–No sé.
–Ninguna. *Los dos creen que lo saben todo.*

–*Oye ¿sabes qué es el ego?*
–Pues no.
–*Es ese pequeño argentino que todos llevamos dentro.*
Un argentino que había escuchado la conversación se acercó ofendidísimo.
–¿Quién fue el boludo que dijo "pequeño"?

Al gallego Muleiro le dicen salvavidas de plomo porque te quiere ayudar pero te hunde.

–*¿Cómo se le dice a un argentino que se queja todo el día, mira deportes todas las noches por televisión y duerme casi todo el fin de semana?*
–No sé.
–*Normal.*

Aviso en un parque público:
"Se prohíbe montar en bicicleta, acostarse en la hierba, traer animales. Prohibido jugar a la pelota. No coma ni beba. No tire nada al suelo. *¡Recuerde que el parque es suyo!*"

Anuncio en el periódico:
"Se necesita camello para filmar una escena. Llamar al teléfono... Abstenerse por favor otros animales."

134

Súper ¡Help!

–*Buenos días querida suegra, ¿se acuerda de que dijo el otro día que daría media vida por una sandía?*
–*Sí, hijo.*
–*Pues aquí le traigo dos.*

La gallega Paca iba en el autobús.
De pronto, se tiró un pedo.
Tratando de disimular, empezó a hacer ruidos pedorreicos con la boca. Desde el fondo le gritaron:
–*¡No te esfuerces, bonita! ¡Como el primero no te saldrá ninguno!*

Un caballero en una florería donde había un rótulo que decía "Dígase con flores":
–Manden una flor a esta dirección.
–*¿Sólo una, señor?*
–Sí, soy hombre de pocas palabras.

–*Ésta es la tercera...*
–¿La Tercera de Beethoven?
–*No, la tercera vez que me siento ante un piano.*

En el oculista.
–Estimado cliente, usted tiene hemorroides.
–*¿Por qué no mira el otro ojo a ver si tengo cataratas?*

Un famoso escritor gallego acababa de descubrir que su obra no prosperaba: era porque tenía el bolígrafo al revés.

Nunca me casé porque no tenía ninguna necesidad de hacerlo. Tengo tres animales domésticos que cumplen la misma función que un marido: *un perro que gruñe por la mañana, un loro que suelta palabrotas toda la tarde y un gato que llega a casa muy tarde por la noche.*

Súper ¡Hic!

La gallega Muleiro probó el whisky de su marido e hizo un gesto de asco:
—¡No sé cómo te puede gustar esta porquería!
—¿Ahora te das cuenta el sacrificio que tengo que hacer para emborracharme?

· · · · · · · · ·
—Sinceramente ¿te detuviste a pensar cómo sería tu vida si no te emborracharas cada noche?
—Claro, ¡por eso me emborracho cada noche!
· · · · · · · ·

Atracción: Asociación entre calentura y una persona en particular.
· · · · · · · ·

Un borracho se subió al autobús.
—Irá a parar a las puertas del infierno si sigue así.
El borracho espantado:
—¡Pare por favor! ¡Me equivoqué de autobús!

—¿Qué haces aquí, borracho? ¿No perteneces a la Asociación de Abstemios del pueblo?
—Sí, pero como estoy retrasado en las cuotas...

Los argentinos son muy proclives a hacer citas que jamás se cumplen.
Se encontraron en un bar, y al despedirse quedaron en verse nuevamente después de diez años.
En el mismo bar.
A la misma hora.
Pasaron diez años.
El primero de los dos acudió al bar sin demasiadas esperanzas.
Sin embargo, allí estaba su amigo, esperándolo inclinado sobre la barra con un vaso en la mano.
Abrazos, besos.
Más abrazos, emoción.
—¡Qué grande, carajo! ¡Te acordaste de nuestra cita! ¿Sabés? Creía que después de tanto tiempo ya no te encontrarías en el bar.
—¿Encontrarlo? Pero si nunca salí de aquí.

Súper Hielo

El gallego Pepe Muleiro vio pasar un cortejo fúnebre y notó que llevaban el ataúd de costado.
Se acercó a un conocido que iba detrás del ataúd.
–Oye, ¿a quién llevan a enterrar?
–*A mi suegra.*
–¿Y por qué de costado?
–*Es que si la ponemos boca arriba, empezará a roncar.*

–¿Cuál es la diferencia entre un hombre y el cáncer?
–*El cáncer evoluciona.*

Al gallego Paco le dicen *"sopa fría"* porque *la grasa le tapa el fideo.*

El que ríe al último, piensa más lento.

A la gallega Paca le dicen vaso de agua porque *no se le niega a nadie.*

–Doctor, ¿cómo se encuentra mi hijo, el que se tragó una moneda de cincuenta centavos?
–*Sigue sin cambio.*

El alcalde gallego hablando a la gente:
–*Y este año hemos alquitranado la carretera...*
Uno le apuntó por atrás en voz baja:
–Asfaltado...
–*Bueno, y si os he faltado, perdonadme.*

137

Súper Hola

Después de treinta años, el gallego Paco volvió a su país.

Había salido con una maleta y mucho sueños.

Recaló primero en París. *Fue lavaplatos.*

Después, Hamburgo: *camarero.*

Más tarde, Brasil: *consiguió abrir un barcito.*

Fueron muchos años de levantarse a las seis de la mañana y *acostarse 19 horas después.*

En Buenos Aires consiguió *abrir un hotelito.*

Se casó. Tuvo dos hijos. *Tuvo nietos.*

De Buenos Aires, a México.

Pudo abrir tres hoteles. *Enviudó.*

Sus hoteles crecieron. Tenía ya una *cadena de moteles* en Los Ángeles.

Quiero ser un "borracho famoso", *dijo un alcohólico anónimo.*

Fue entonces, después de treinta años, que decidió regresar a su país, a Galicia, a su pueblo.

Durante todo el viaje soñó. *¿Cuál sería el recibimiento de sus amigos después de tantos años?*

Bajó en la pequeña estación del pueblo: *idéntica a como la recordaba.*

Allí estaba Pascual, el jefe de estación, su gran amigo de la infancia. Allí estaba, *controlando la llegada y salida de los trenes.*

Emocionado Paco se acercó a Pascual y le golpeó ligeramente el hombro.

El jefe de estación giró y lo reconoció:

–*¡Ah! Hola, Paco. ¿Te vas en este tren?*

El padre de la muchachita recibe al novio por primera vez y le pregunta:

–*Así que quiere casarse con Laurita, pero antes dígame, ¿de cuánto dinero dispone?*

–De treinta mil dólares, señor.

–*¡Ah!, no está mal. Si los sumamos a los treinta mil que tiene mi hija...*

–Perdóneme señor, pero ésos ya están incluidos.

Súper Idea

El automóvil que se desplazaba a alta velocidad fue detenido por un agente de tránsito.

–*Permítame la licencia de conductor.*

–No la tengo. Me la quitaron antes de la reciente ley, porque iba a 180 por la Interbalnearia.

–*Deme el título del auto entonces.*

–No es mío, lo robé. ¡Ah, no espere! Creo que está en la guantera porque lo vi cuando coloqué allí el revólver y las balas.

–*¡¿Tiene un revólver en la guantera?!*

–Y sí... es el que usé para matar a la dueña del auto.

–*¡¡¡¿Mató a la dueña del auto?!!!*

–¡Claro!, la maté y puse su cadáver en el baúl. Iba rápido porque quería arrojarla al río.

El agente llamó a la comisaría.

El comisario acudió. Ordenó rodear el auto y se acercó:

–*A ver la licencia de conductor...*

–Sírvase, señor comisario. Aquí la tiene, fue renovada el mes pasado.

–*El título de propiedad del auto.*

–¡Cómo no! Vea, lo compré el mes pasado.

–*Abra la guantera.*

–¡Cómo no! Tengo unos mapas y un peine, vea.

–*A ver el baúl...*

Se baja, abre, y está la rueda auxiliar y el gato del auto.

–*Pero ¡el agente me dijo que usted había robado este auto, había matado a la dueña con un revólver que tenía en la guantera y que la había escondido en el baúl!*

–¡Sí, claro! También es capaz de haberle dicho que iba a exceso de velocidad, ¿no?

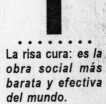

La risa cura: *es la obra social más barata y efectiva del mundo.*

El humor se tiene o no se tiene y es la manera de ver las cosas con claridad.

139

Súper Idiot

–¿Qué cosa hay en la sala que no puede haber en el comedor?
–*La letra "a".*

–¿Qué se pone sobre la mesa, se parte y no se come?
–*La baraja.*

–¿Qué es aquello que cuando es macho alumbra y cuando es hembra no?
–*El foco y la foca.*

–¿Quién tiene brazos pero no manos?
–*El sillón.*

–¿Qué es lo único capaz de detener la caída del cabello?
–*El suelo.*

–¿Qué tiene Adán delante que Eva tiene detrás?
–*La letra "a".*

–¿A qué equivale camisa y media y camisa y media?
–*A dos camisas y a un par de medias.*

¡Último momento! Aeropuerto de Barajas, Madrid:
Se sorprendió a un grupo fundamentalista gallego *(lidera-*

–¿Cómo se llama a la mujer con medio cerebro?
–*Prodigio.*

–¿En qué se parece la tiara, el delantal, el tabaco, el timón y la venda?
–*En que la tiara es para el Papa, el delantal para la Pepa, el tabaco para la pipa, el timón para la popa y la venda para la pupa.*

140

do por el conocidísimo terrorista *Pepe Muleiro)* conformado por 600 gallegos que habían *arrancado un edificio de 50 pisos de sus cimientos* y lo transportaban a mano para arrojarlo contra un avión estacionado en ese aeropuerto.

—¿Puedes casarte con el hermano de tu viudo?
—*No, porque estarías muerta.*

—¿Cómo se les llamará dentro de cien años a los depresivos de hoy?
—*Muertos.*

—Unos meses tienen treinta días, otros treinta y uno. ¿Cuántos tienen veintiocho?
—*Todos.*

—¿Cuál es la única pregunta a la que no se puede contestar sí?
—*¿Estás dormido?*

—¿Qué es aquella cosa que mientras más larga, más corta?
—*Las tijeras.*

—¿Cuál es el pájaro que vuela más alto que la montaña más alta?
—*Todos, porque las montañas no vuelan.*

· · · · · · · · ·
—*¿Por qué los policías gallegos llevan números en la placa?*
—*No sé.*
—*Por si se pierden.*
· · · · · · · · ·
La vida es como el palo de un gallinero: *corta pero llena de caca.*
· · · · · · · · ·
—¿Cuál es la definición exacta de vagina?
—*Funda para penes.*
· · · · · · · · ·

–¿Cuál es el colmo del agua mineral?
–*Que las burbujas le produzcan gases.*

–¿Cuál es el colmo de un árabe?
–*Llamarse Mohamé y no tener paraguas.*

A la gallega Pepa le dicen *"prócer olvidado"* porque *no tiene busto.*

–¿Qué es una bandeja?
–*Un grupejo de musiquejos.*

–¿Qué es una canoa?
–*Una peloa blancoa de la cabezoa.*

Era una adivina tan pero tan buena que además del futuro adivinaba *el condicional y el pluscuamperfecto del subjuntivo.*

–¿Qué es un globo?
–*Un ganimal que se come a las govejas.*

–¿Qué es una lápida?
–*Una chinita que cole mucho.*

–¿Qué es una lata?
–*Un loedol que cole pol las alcantalillas.*

Súper Invento

Un vendedor llegó con dos enormes maletas hasta la casa de Pepe.

—Vengo a ofrecerle una de las más grandes maravillas de este siglo.

El tipo tenía en la mano un *relojito no más grande que una moneda de cincuenta centavos.*

—Éste es el súper reloj computadora digitalizado universal.

—*¿Y qué es lo que es eso?*

—Le explico: en este minúsculo relojito se ha desarrollado la más fantástica microelectrónica moderna. Este relojito es capaz de decirle a usted con una millonésima de segundo de error la hora que es ahora en Melbourne, en Tokio o en San Francisco.

—*¡Joder!*

—Apretando este minúsculo botoncito se transforma en computadora, en calculadora y en calendario. Le puede decir la fecha de cualquier acontecimiento histórico, la posición de los planetas en cualquier momento en los pasados mil años... Lo mismo hacia el futuro.

—*¡Joder! Y dígame usted: ¿Cuánto cuesta esta maravilla?*

—Apenas 100 dólares.

—*¡Joder!*

—¿Le dejo a usted uno?

—*Pues a decir verdad, sí.*

Le dejó uno y se fue.

—*¡Eh, oiga! ¡Se olvida usted sus dos maletas...!*

—No, gallego: ésas son las *baterías.*

—¿Sabes, Paca? He ideado un mecanismo mental.

—*¿Y qué es lo que es eso, Manolo?*

—Pues eso: un mecanismo mental para no olvidar nada. ¿Quieres que te diga de memoria los catorce objetos que mañana hemos de llevar en el coche para iniciar nuestras vacaciones?

Manolo repitió uno por uno los objetos.

> ....
> **Lo importante no es ganar. Lo importante es competir** sin perder ni empatar.
> ....

–*Un maestro, Manolo.*

Durante la noche, Manolo *repitió mentalmente* la lista más de cien veces.

Al otro día, cuando ya estaban en el campo:

–*Oye, Manolo, alcánzame la sombrilla.*

Entonces Manolo se dio una palmada en la frente.

–¡Coño, Paca! ¡Si vieras lo bien que todavía recuerdo los catorce objetos! Sólo que se me olvidó algo...

–¿*Qué, Manolo?*

–¡Traerlos!

Creci besando libros y pan... Desde que besé a una mujer, *mis actividades con* el pan y los libros perdieron interés.

–*Pepe, ¿tú entiendes inglés?*

–Si lo hablan en castellano, seguro.

–*Señorita, ¿a usted le hubiera gustado ser hombre?*

–Nunca he pensado en eso, Manolo. ¿Y usted?

Decía el gallego Paco:

–*No llego a entender cómo, siendo los niños tan listos, los adultos son tan tontos. Debe ser fruto de la educación.*

El 99 por ciento de los accidentes automovilísticos se producen por culpa de los hombres... *¡por prestarle las llaves del coche a las mujeres!*

Súper ¡Ja!

–¿Cuál es la diferencia entre una mujer y la basura, Manolo?
–A la basura la llenamos el fin de semana y la sacamos todos los días, a la mujer la llenamos todos los días y la sacamos el fin de semana.

–¡He perdido el tren!
–¿Y por cuánto tiempo?
–Por un minuto.
–Bueno, cambia esa cara, ¡coño! ¡Parece que lo hubieses perdido por una hora!

El gallego Paco compró unos bombones y se los comió todos en un minuto.
–Te comiste todos los bombones sin acordarte de mí.
–¡Claro que me acordé! Por eso me los comí tan de prisa.

Manolo se pasaba horas frente a las vías del ferrocarril. Se sentaba exactamente frente al enorme túnel.
–¿Qué es lo que te llama tanto la atención, Manolo?
–Coño, pues que todas, todas las veces, ¡los maquinistas aciertan el agujero!

–¿En qué se parece un hombre que no dice mentiras al 999?
–Ni idea.
–En que los dos son sinceros.

Súper Jaimito

La maestra de Jaimito decidió tomar un examen de 6 puntos y puso a Jaimito en el grupo de *los inteligentes* para que no molestase.

Al otro lado, *el resto del grupo.*

Mientras Jaimito se acoplaba a su grupo, le gritó a sus compañeros:

—*¡¡¡Les voy a ganar, cabrones!!!* ¡Les voy a ganar 6 a 0!

—Primera pregunta: ¿quién descubrió América?

El grupo de Jaimito contestó:

—*Cristóbal Colón...*

Jaimito gritó:

—*¡¡¡Se los dije, sarta de cabrones, 1 a 0!!!*

La maestra le dijo:

—¡¡¡Jaimito, cállate!!!

Luego hizo la segunda pregunta:

—¿Qué idioma se habla en España?

El grupo de Jaimito respondió:

—*Castellano, maestra.*

Jaimito gritó:

—*¡¡¡Se los dije, hijos de..., 2 a 0!!!*

—Jaimito, cállate la boca.

La maestra hizo la tercera pregunta:

—¿Cómo llegó Cristóbal Colón a América?

El grupo de Jaimito contestó:

—*En la Pinta, la Niña y la Santa María...*

Jaimito, exhausto, les gritó:

—*¡Se los dije, 3 a 0!*

La maestra, enojada, le gritó:

—Jaimito, ¡se para y sale!

Jaimito respondió :

—*La pinga, maestra... ¡¡¡4 a 0!!!*

La maestra, indignada, le repitió:

—¡¡¡Jaimito, sale y no regresa!!!

Jaimito, contento, respondió:

—*La caca, maestra; ¡¡¡se los dije, 5 a 0!!!*

La maestra, cansadísima, le dijo:

—Jaimito: ¡¡¡se para, sale y no regresa en un mes!!!

Jaimito contentísimo le grita:

—*La menstruación, maestra. ¡Se los dije: 6 a 0! ¡¡¡Ganamos!!! ¡¡¡Ganamos!!! ¡¡¡Ganamos!!! ¡¡¡Ganamos!!!*

· · · · · · · ·
—¿Cuándo serán las mujeres iguales a los hombres?
—*Cuando puedan mear cinco a la vez en el mismo cubo.*
· · · · · · · ·

146

Súper Judío

–¿Por qué crees que muchos israelitas piensan que estaría bien tener una mujer vicepresidenta?
–*No sé.*
–Porque se le podría *pagar menos.*

El judío Jamel reunió a toda su familia.
–*¿Qué haréis cuando me muera y os deje?*
–Nos dejes... *¿cuánto?*

–*¿Qué es un genio?*
–No sé.
–*Un estudiante del montón con una madre judía.*

–Oye, Samuel, ¿te interesaría comprar un caballo?
–*¿Un caballo?*
–Sí, un caballo, pero no es un caballo normal ¿eh?
–*¿Qué querés decir con eso, David?*
–Es un caballo que habla nueve idiomas, te limpia la casa, te hace las camas, te lleva los chicos al colegio, te prepara el té. Un fenómeno: ¡te lo soluciona todo!
–*¿Pero qué dices?*
–Es cierto. Y hasta te va a hacer compras. Es una joya, y te lo vendo por sólo cincuenta dólares.
–*¿Y por qué lo vendes si es tan joya?*
–Es que me acabo de separar de mi mujer y tengo muchos gastos. Me voy a vivir solo y ya no lo voy a poder tener conmigo. Si lo quieres, te lo vendo.
–*¡Claro que lo quiero!*
Lo compró. Pasaron varios meses.
–*Vengo a decirte algo: el caballo que me vendiste es una porquería: no habla nada, no va de compras, no te lleva los chicos al colegio, ni te hace las ca-*

–¿Qué hace una gallega en el aeropuerto de Madrid?
–*Espera un barco.*

mas. No hace un carajo, David. ¡Ese caballo es una mierda!

–Pará, Samuel, pará. Como sigas hablando así, ese caballo no se lo vendés a nadie en tu puta vida.

–¿Qué es un dilema para una madre judía?
–*Tener un hijo gay que sale con un médico.*

–¿Por qué a los judíos no les gusta beber alcohol?
–*Fácil: porque interfiere con sus sufrimientos.*

· · · · · · · · ·
Decía Muleiro:
–*El mimo es fantástico, pero si supiera hablar sería una sensación.*
· · · · · · · · ·

Un cristiano, un musulmán y un judío se encontraron en un congreso interreligioso.
Los tres eran muy creyentes.
Los tres intentaron demostrar el poderío excepcional de sus dioses.
Primero, el cristiano:
–*Yo me encontraba en un avión. La tormenta era monumental. Rayos, truenos, vientos huracanados. Recé. De pronto,* en un diámetro de miles de metros, la tormenta desapareció. *El avión pudo seguir en esa calma creada por el Señor y* llegamos sanos y salvos al aeropuerto.
El musulmán:
–Yo estaba en medio del desierto. De pronto, se desató una tormenta de arena. *Estábamos casi asfixiados.* Toda la caravana moriría. Me arrodillé *mirando a la Meca. Alá fue piadoso. De pronto,* en un diámetro de docenas de kilómetros, *amainó la tormenta.* Nos salvamos gracias a Alá.
David, el judío, habló entonces:
–*Era Sabbath. Yo regresaba del templo a mi casa. De pronto, vi una* enorme bolsa de plástico repleta de dólares. *Había allí* más de dos millones de dólares abandonados. *Yo sentí que podía llevármelos a casa. Obviamente,* no podía tocarlos porque era Sa-

bbath y durante el sábado los judíos no debemos tocar dinero. *Entonces me arrodillé y le recé a mi Dios. ¡Y sucedió el milagro! De pronto, en un diámetro de mil metros a mi alrededor ¡¡¡era martes!!!*

–¿Cuántas madres judías hacen falta para cambiar una lamparita?
–*Ni idea.*
–Cuatro. Una para cambiarla, otra para *quejarse* de que están enroscándola en el sentido contrario, otra para *quejarse del precio* de la lamparita y la cuarta para *sentirse culpable* porque se quemó la lamparita vieja.

–¿Cuántos años hace que te conozco, y siempre te pregunto: Cómo van tus negocios? Pero a mí nunca me preguntas.
–*Está bien, tienes razón. ¿Cómo van tus negocios?*
–¡Ni me preguntes!

Cuando Abraham Leibowitz va a la escuela, descubre que es el único niño judío en la clase. Pero como era un pueblo decente nadie lo molestaba.
Un día, la maestra pregunta a la clase:
–*¿Quién es la persona más grande que jamás haya vivido y por qué?*
Y para hacerlo más interesante sostiene un billete de 20 dólares en la mano y dice:
–*Quien dé la mejor respuesta obtendrá estos 20 dólares.*
Uno dijo:
–George Washington, porque es el padre de la nación.
–*Eso está muy bien.*
–Abraham Lincoln, porque liberó a los esclavos.
–*Eso está muy bien.*
Una niña dijo:
–Juana de Arco, porque salvó a Francia.
–*Otra excelente opción.*

• • • • • • • •
El mejor matrimonio es el que junta a una mujer ciega con un marido sordo.
• • • • • • • •
El secreto de un matrimonio feliz es *perdonarse mutuamente el hecho de haberse casado*.
• • • • • • • •
**–¿En qué se parece un avión cayendo en picada a una niña de 12 años?
–*En que la cosa se está poniendo peluda*.**
• • • • • • • •

Entonces Abraham Leibowitz levantó su mano:
–*Abraham, ¿quién piensas que fue la persona más grande que jamás haya vivido?*
–Jesucristo.
–*Abraham, estoy muy sorprendida. Clase, yo creo que todos estamos de acuerdo en que Abraham es quien debe obtener estos 20 dólares.*
En el recreo, la maestra seguía impresionada:
–*¿Por qué elegiste a Jesús si eres judío, Abraham...?*
–Mire, personalmente pienso que la persona más grande que jamás ha vivido fue Moisés, pero... ¡¡¡negocios son negocios!!!

–Ya sé, Berta, que no te quiero como cuando éramos novios, pero *¡es que nunca me han gustado las mujeres casadas!*

David y Berta habían terminado de hacer el amor.
David se quitó el condón, lo lavó y lo colgó a secar.
–*¡Ésta es la tercera vez que hacemos el amor con el mismo forro, David...! ¡es repugnante!*
–Sí Berta, ya lo sé... Yo por mí lo tiraría... pero ¡es el de nuestro equipo de fútbol!

Súper Kiosco

El gallego Manolo era tan pero tan delicado que antes de comprar un coche estudió solfeo para tocar el claxon.

Era un libro tan pero tan grueso que en lugar de índice tenía pulgar.

–¿Por qué los chinos son tan malos conductores?
–Falta de visión periférica.

–¿Por qué un inglés cierra lo ojos cuando hace el amor?
–Porque no le gusta ver a una mujer desilusionada.

El juez al borracho:
–¿No le da vergüenza emborracharse? La última vez me prometió que no bebería más.
–Y es verdad, sigo bebiendo lo mismo.

–El dinero no lo es todo. Hay cosas mucho más importantes que el dinero.
–¿Y usted tiene esas cosas?
–No, porque son muy caras.

–¡Mira lo que hoy voy a comer: dos pollos fritos, media pierna de cerdo, carne en adobo, pescado frito, siete huevos crudos, plátanos con crema y una pizza!

Comercio: Suerte de transacción donde el sujeto A le roba al sujeto B los bienes de C y, para compensar, B toma del bolsillo de E dinero que pertenece a un tal D.

151

–¡Ay, Paquito! ¡Por eso estás tan gordo! ¡Deberías comer la mitad!
–*¡Esto es menos de la mitad!*

–*¡Qué bonitos ojos tienes! ¿De dónde los sacaste?*
–Venían con el resto de mi cuerpo.

–*Mi hermana María cumple quince años mañana.*
–*¿Y le van a hacer tarta?*
–*Sí, una tarta enorme. De cinco pisos.*
–Yo creo que la de mi hermana era mucho más grande, ¡hasta tenía cuarto de baño!

–*¿Cuánto vale el canario?*
–Mil pesetas.
–*¿Y la cacatúa?*
–La caca mía no se vende.

–*¿Por qué te peleaste? ¿No te dije que contaras hasta diez?*
–Sí, pá, pero el otro no debió contar más que hasta cinco.

–Hoy me quedé sin desayunar porque cuando bajé, el perro se había comido todo lo que había preparado mi madre.
–¿Y tu madre qué hizo?
–Enterró al perro.

–*¿En qué se parece una pizza quemada a una mujer embarazada?*
–*En que con haberla sacado a tiempo hubiese bastado.*

Súper Loco

–Oye, Pepa: aquí en el periódico hay una estadística que dice que cada vez que respiro, mueren tres chinos.
–*¡Joder, Pepe! ¿No te decía yo? ¡Deja de comer tanto ajo, coño!*

–*Amor mío, ¿qué harías si yo me muriera?*
–Me volvería loco.
–*¿Te volverías a casar?*
–No, eso ¡ni estando loco!

–Oye, Pepe: ¿sabes cómo se llaman las personas que viven en China?
–*Hombre, Manolo, claro: chinos.*
–¡No! ¡Yo digo *los nombres,* joder!

Pronóstico del tiempo en una radio gallega:
–*Buen tiempo en general con un noventa por ciento de probabilidades de equivocarnos.*

El gallego Paquito llevaba las manos apretaditas:
–*¿Qué te pasa, Paquito?*
–He perdido veinte mil pesetas de mi padre.
–*¿¿¿Veinte mil pesetas??? Si yo llegase a perder veinte mil pesetas, mi padre me arrancaría los huevos.*
–¿Y tú que crees que traigo *entre las manos?*

El gallego Pepe Muleiro era tan pero tan infeliz que una vez subió a la cima de una montaña, gritó su nombre al borde del abismo y el eco le contestó: *"¡Salta!".*

Todo el mundo tiene memoria fotográfica. Algunos no tienen rollo.

Súper Lógico

–¿Por qué hizo Dios antes a los hombres que a las mujeres?
–*Para que pudiéramos hablar un poco.*

Paco Muleiro era lechero.
Con su camioncito repartidor, giró rápidamente a la izquierda sin hacer la señal de advertencia.
De ese modo obligó a un taxista que iba detrás a dar un frenazo.
–*¡Animal! ¿No podrías advertir que ibas a girar con el brazo izquierdo, pedazo de bestia?*
–¿Advertir? ¿Y para qué? ¡Si hace diez años que yo giro en esta esquina siempre a la misma hora, coño!

–¿Cómo sale un gallego de la piscina?
–*Ni idea.*
–Irreconocible, por el baño.

–¿Por qué las mujeres tienen coño?
–*Porque si no ¿por dónde iban a adquirir los conocimientos?*

–¿Qué le llega una vez al mes a la mujer y le dura cinco días?
–*El sueldo.*

–Oye, Pepe.
–*Dime, Paco.*
–No sabía que te habías *cambiado* el nombre.

Súper Lunáticos

–Oye, si ves a Gonzalo, dile que lo espero mañana.
–¿Y si no lo veo?
–Entonces lo saludas y nada más.

El jefe a la secretaria:
–¿No oye el teléfono, señorita? ¿Por qué no contesta?
–¿Para qué? ¡Si todas las llamadas son para usted!

–¿Qué es lo peor que se le puede arrojar a un guitarrista?
–Su amplificador.

Entra el gallego Manolo todo trajeado en un bar con dos mujeres preciosas, una de cada lado, bien vestidas... ¡despampanantes!
–Por favor, tráigame un coñac y dos gaseosas grandes.
–¿Familiares?
–No, son prostitutas pero tienen sed.

Un negro iba paseando y le sale un médico al paso que le dice:
–Con esta inyección, puedo convertirte en blanco.
–¡Oh sí!, por favor...
Se la pone y lo convierte en blanco.
–¿Puedo decírselo a mi mujer, y así ya no tendremos problemas con los blancos?
–Sí. Vaya.
Le ponen la inyección a la mujer y se convierte en blanca. Luego dice:
–Oiga. ¿Y puedo llamar a mi hijo?
–Sí, vaya.

–Nunca jamás olvido una cara, *pero contigo haré una excepción.*

Cecilia Bolocco es *femenemista*.

Detrás de cada gran hombre exitoso hay una mujer *que no tiene nada que ponerse*.

–Ven hijo. Te van a convertir en blanco...
–¿Y usted quién es?
–Tu padre. Pero ahora soy blanco.
–Pero yo no quiero ser blanco. Quiero ser negro como mi abuelo, mi tatarabuelo...
–¡Te lo ordeno!
–¡No quiero!
–¿Se dan cuenta? ¡Llevo cinco minutos como blanco y ya tengo problemas con estos negros de mierda!

¿Cómo sería la vida al revés?
Lo más injusto de la vida es la forma en que termina.
La vida es muy dura, hay que dedicarle mucho tiempo y al final, *¿qué te llevas?*
La muerte.
¿Qué clase de premio es ése?
Creo que el ciclo de *la vida está al revés.*
Deberíamos morir primero. Después vivir en un asilo para ancianos *hasta que nos echaran por ser demasiado "maduritos".*
Enseguida conseguirías tu casa propia, tu coche nuevo y tu reloj de oro para empezar con tu trabajo.
Trabajaríamos *durante 40 años hasta que fuéramos lo suficientemente jóvenes* para disfrutar de nuestro retiro.
Empezaríamos a ir a clase, a fiestas...
Poco a poco te harías un niño y *empezarías a jugar y a perder todo tipo de responsabilidades hasta que te convertirías en un bebé.*
Volverías entonces a la barriga de tu mamá, donde pasarías 9 meses flotando para acabar tu vida con ¡¡¡un *buen orgasmo!!!*
¡Qué bueno sería!

Súper Llamativos

–Papá, papá, ¿me escuchas? Quiero hacerte una pregunta...
–*¿Hummmm?*
–¿Cómo es el femenino de sexo?
–*¿Qué?*
–El femenino de sexo.
–*No tiene.*
–¿Sexo no tiene femenino?
–*No.*
–¿Sólo hay sexo masculino?
–*Sí. Es decir, no. Existen dos sexos. Masculino y femenino.*
–¿Y cómo es el femenino de sexo?
–*No tiene femenino. Sexo es siempre masculino.*
–Pero tú mismo dijiste que hay sexo masculino y femenino.
–*El sexo puede ser masculino o femenino. La palabra "sexo" es masculina. El sexo masculino, el sexo femenino.*
–¿No debería ser "la sexa"?
–*No.*
–¿Por qué no?
–*¡Porque no! Disculpa. Porque no. "Sexo" es siempre masculino.*
–¿El sexo de la mujer es masculino?
–*Sí. ¡No! El sexo de la mujer es femenino.*
–¿Y cómo es el femenino?
–*Sexo también. Igual al del hombre.*
–¿El sexo de la mujer es igual al del hombre?
–*Sí. Es decir... Mira. Hay sexo masculino y femenino. ¿No es cierto?*
–Sí.
–*Son dos cosas diferentes.*
–Entonces, ¿cómo es el femenino de sexo?
–*Es igual al masculino.*
–¿Pero no son diferentes?
–*No. ¡O sí! Pero la palabra es la misma. Cambia el sexo, pero no cambia la palabra.*
–Pero entonces no cambia el sexo. Es siempre masculino.
–*La palabra es masculino.*

· · · · · · · ·
–¿Cuándo irán las mujeres a la Luna?
–*Cuando haya que barrerla.*
–¿Y cuándo irán a Júpiter?
–*Cuando acaben con la Luna, Mercurio, Venus, Saturno...*
· · · · · · · ·

–No. "La palabra" es femenino. Si fuera masculino sería "el pala..." ¡Basta! Ve a jugar.

El muchacho salió y la madre entró.

El padre comentó:

–*Tenemos que vigilar al chiquillo.*

–¿Por qué?

–*Sólo piensa en gramática.*

Al gallego Pepe le dicen almeja porque *se entierra con su propia lengua.*

Al gallego Manolo le dicen *"sachet de leche"* porque *no puede quedar parado.*

Al gallego Paco le dicen *"pez macho"* porque anda atrás de las hembras *y nada, nada, nada...*

–¡¡María!!

–*¡¡Qué!!*

–¿Por qué cuando hacemos el amor se te encogen los dedos de los pies?

–*Porque no me das tiempo a quitarme los pantis.*

–¿Por qué un caníbal no se comería a Michael Jackson?

–*Porque tiene colorantes artificiales.*

Súper Machistas

Cuando busques una mujer para casarte, búscala delgada y muda. *¡Gordas y charlatanas se vuelven solas!*

Las mujeres son como las cebras: *Se creen yeguas, pero están rayadas.*

–¿Qué se hace con 5 mujeres?
–*Un pésimo equipo de baloncesto.*
–¿Y con 11?
–*Un pésimo equipo de fútbol.*
–¿Y con 18?
–*Un excelente campo de golf.*

Amor a primera vista: Lo que ocurre cuando se encuentran dos personas poco quisquillosas y excepcionalmente calientes.

–*¿Por qué las mujeres tienen la menstruación?*
–*Porque la ignorancia se paga con sangre.*

–¿Cuántas neuronas tiene una mujer?
–*Cuatro: una para cada hornalla.*

–¿Cómo elegirías a las tres mujeres más tontas del mundo?
–*Al azar.*

–¿En qué se parecen las mujeres y las almejas?
–*En que cuando se calientan, se abren.*

–Un hombre y una mujer se disparan en la sien, ¿quién tiene más posibilidades de sobrevivir?

–*La mujer: sería mucha casualidad que la bala tocara al cerebro.*

–¿En qué se diferencian las niñas de las mujeres?
–*En el precio de sus juguetes.*

–¿Cómo se repara el reloj de una mujer?
–*No es necesario, en la cocina siempre hay uno.*

La mujer es como el caracol: le gusta morir con el bicho adentro.

–¿En qué se parecen una mujer y una sartén?
–*Hay que calentarlas antes de echarles la carne.*

–¿Por qué las rubias tienen la cara cubierta de agujeritos?
–*De comer con tenedor.*

–¿Por qué las rubias no le dan el pecho a sus hijos?
–*Porque los pezones les duelen demasiado al hervirlos.*

–¿Cómo ayudas a tu mujer a limpiar la casa?
–*Levantando los pies cuando pasa la aspiradora.*

–¿Cuál es la peor desgracia para una mujer?
–*Parir un bebé varón, porque después de que du-*

....

Hay tres clases de mentiras: *las mentiras, las malditas mentiras y las estadísticas.*

....

El dinero es como el estiércol: si se amontona, *huele mal.*

....

–¿Qué harían los hombres sin las mujeres?
–*Domesticarían otro animal y esta vez no le enseñarían a hablar.*

....

Viagra: Viejas Agradecidas.

....

–El tiempo es el mejor maestro. Desgraciadamente mata a todos sus estudiantes.

....

*rante 9 meses han tenido un cerebro en su interior...
¡lo tienen que expulsar!*

–¿Cuáles son las cuatro "efes" de las mujeres?
–*Freír, fregar y frotar (y si no ¡fuera!).*

–¿Por qué murió Cenicienta?
–*Porque a las doce, el tampax se le convirtió en calabaza.*

–¿Cuál es la puta más cara?
–*La esposa de cada uno, porque le das todo el sueldo y lo haces cuando ella quiere.*

–¿En qué se diferencia una mujer de una guitarra eléctrica?
–*La guitarra primero se enchufa, después se calienta y
luego se toca y la mujer primero se toca, luego se
calienta y después se enchufa.*

–¿Cuándo se sabe que una mujer ha usado el ordenador?
–*¡Cuando hay liquid paper en el monitor!*

–¿Cuándo una mujer ha estado usando un fax?
–*Cuando le ha puesto sellos.*

–¿Cuántos esclavos hacen falta para limpiar una torre?
–*Ninguno. Mientras haya mujeres...*

–*¿Qué es una mujer fiel?*
–Aquella que nunca hace realidad su pensamiento.

Reparto: Mellizos.

*Definición infantil
de la impaciencia:*
Esperar con prisa.

Mamadera: Mate-
ria prima de los
carpinteros tarta-
mudos.

Mejoremos los ce-
menterios: la que
llevan los muertos
no es vida.

Vago: Parte del in-
testino que no tra-
baja.

Historia: Cuento fic-
ticio, cuyo desen-
lace coincide a-
sombrosamente
con la actualidad.

Súper Mágicos

Un oso y un conejo caminaban por el bosque. Peleando. De pronto encontraron una Lámpara Maravillosa.

El genio les concedió tres deseos a cada uno. El oso pidió primero:

—*Yo quiero que todos los osos de este bosque sean hembras.*

—¡Concedido!

El conejo habló:

—*Yo quiero un casco de moto.*

—¡Concedido!

El oso, intrigado con el conejo, continuó con su segundo deseo:

—*Para estar seguro, deseo que los osos de todos los bosques vecinos sean hembras.*

—¡Concedido!

El conejo solicitó su segundo deseo:

—*Yo quiero una moto Harley Davidson.*

—¡Concedido!

El oso, asombrado, hizo su tercer deseo:

—*No quiero correr riesgos, quiero que todos los osos del mundo sean hembras.*

—¡Concedido!

El conejo arrancó en su moto y cuando estaba a 100 metros gritó su último deseo:

—*¡Que el oso sea maricón...!*

Si una mujer me abofetea sin razón, yo, como buen caballero que soy, no reaccionaré. Pero *¡ya me la encontraré sola alguna vez!*

Después de quedarse sin dinero, un hombre se encuentra afuera de un casino en Las Vegas y a las cuatro de la mañana detiene un taxi:

—Buenas. Mire, tengo un problema: necesito que me lleve al Hotel Rex a 4 kilómetros de aquí. No tengo dinero aquí para pagarle, por lo que he pensado que usted me deja en la puerta del hotel, subo y le bajo el dinero.

—No, esa mierda no me la creo.

—¡Vamos! ¡Necesito que me lleve! ¡No tengo nada de dinero aquí...!

–Que no, que no te llevo, vete caminando.

Finalmente, el tipo llegó al hotel como pudo.

Al cabo de un mes volvió al mismo casino. Ganó 50 mil dólares. Salió del casino otra vez a las cuatro de la mañana para coger un taxi y vio que había una fila de veinte taxis por lo menos. Advirtió que el último de todos era el que se había negado a llevarlo.

–A este hijueputa hoy sí me lo jodo.

Se acercó al primer taxista:

–Hola, buenas noches. Le doy 2 mil dólares si me lleva al Hotel Rex, pero con una condición.

–Sí, sí, la que sea, la que sea.

–Que cuando lleguemos allá me la chupe.

–¡Qué va! ¡Búscate a otro!

El segundo taxi:

–Hola, ¿qué tal? Le doy 2 mil dólares si me lleva al Hotel Rex con una condición...

–Sí hombre, lo que sea, ¿qué tengo que hacer?

–Que cuando lleguemos allá me la chupe.

–¡Lárguese antes de que lo mate!

Así recorrió toda la cola. Cuando llegó al último, que era *el que no le había querido llevar, le dijo:*

–Mira, te doy 2 mil dólares si me llevas al Hotel Rex, pero con una condición.

–Sí, claro, la que sea.

–Cuando pases por delante de todos estos taxis saques la mano y grites: "¡Voy al Hotel Rex! ¡Voy al Hotel Rex!"

El *pueblo* de Manolo era tan pequeño que cuando había box los dos boxeadores *tenían que sentar*se en el mismo rincón.

La madre vio a la hija que se preparaba para salir esa noche con su jefe, quien la había invitado por primera vez. Mientras la chica, que tenía 18 hermosos años, se maquillaba, la madre empezó a llorar...

–¿Qué pasa, mamá?

–Es que sé qué va a pasar esta noche.

–¿Qué va a pasar esta noche, mami?

—Esta noche, hija, tu jefe te va a llevar a cenar a uno de esos lugares con velas y músicos que tocan el violín entre las mesas. Después, te va a llevar a bailar y a tomar una copa en algún lugar oscuro y mientras estén bailando te va a decir lo linda que eres y todo eso...

—Bueno, mamá, ¿y qué tiene eso de malo?

—Que después te va a invitar a conocer su apartamento. Yo sé cómo va a pasar todo.

—¿Y?

—Y el apartamento va a ser uno de esos pisos modernos que tienen un balcón desde donde se ve el río. Y entonces, mientras miran por el balcón, él va a poner música y va a destapar una botella de champaña. Va a brindar por ti y por el encuentro y te mostrará la casa. Y ahí es donde podría pasar la tragedia.

—¿Cuál tragedia, mamá?

—Cuando lleguen al dormitorio, él te va a mostrar la vista desde allí y te va a dar un beso, eso no me asusta. Pero después, hijita, después él te va a mostrar la cama y se va a tirar encima tuyo. Y si tú permites que se acueste arriba tuyo, yo me voy a morir. Y si yo me muero tú vas a cargar con esa culpa por el resto de tu vida. ¿Entiendes por qué lloro, hija? Lloro por ti, por tu futuro.

—Bueno, mamá, quédate tranquila. No creo que pase eso que tú dices.

—¡Recuerda, hija, recuerda... yo me muero, acuérdate!

A la hora señalada, un auto importado carísimo se detuvo enfrente de la puerta de la familia. Tocó la bocina; la hija salió, subió y el auto partió. A las cinco de la mañana "la nena" volvió a casa. La madre, por supuesto, estaba despierta, sentada en el sillón.

—¿Y? ¿Qué pasó? Cuéntale todo a tu madre.

—¡Mami, es increíble! Todo fue como tú me dijiste: ¡el restaurante, el baile, el departamento, todo!

—¿Y?

—Pero cuando llegamos al dormitorio y él quiso subirse encima de mí, yo me acordé de ti mamá. Recordé la culpa que me iba a quedar si tú te morías.

—Muy bien, hijita, ¿y te fuiste?

—No. Me acosté yo encima de él: *¡Que se muera su madre!*

Súper Malo

Bueno: Tu novia tiene cabello rubio, suave y largo.
Malo: Bajo el brazo.

Bueno: Tu vecina hace aerobics desnudísima.
Malo: Pesa 135 kilos.

Bueno: A tu esposa le gusta el sexo al aire libre.
Malo: Viven en un multifamiliar.

Bueno: Tu esposa tiene el estómago muy plano.
Malo: ¡Y el pecho también!

Malo: Tu esposa está muy, muy enferma.
Peor: De ti.

Bueno: Ardiente y delirante sexo al aire libre.
Malo: Te arrestan.
Peor: El policía es tu esposo.

Bueno: Fuiste con diez amigos a un strip-show.
Malo: Tu hija lo encabezaba.

Bueno: Tu hija practica sexo seguro.
Malo: Tiene 11 años.

Bueno: Tu novio está a dieta.
Malo: Le va a quedar muy bien tu ropa.

· · · · · · · ·
–¿Quién es la más mala del circo?
–*La mujer* malaba-rista.

· · · · · · · ·
El primer bebé *in vitro* fue Mahoma, porque era un *bebé profeta.*

· · · · · · · ·
Racional: Dícese de la persona cuyas únicas ilusiones son la observación y la lógica.

· · · · · · · ·

Súper Mami

–Mamá, ¿a quién le mandas ese paquete grande que dice "África"?
–*¡Cállate y vuelve a la caja!*

–Mami ¿yo nací de día o de noche?
–*De noche, cariño.*
–¿Y te desperté?

Más vale prevenir...
que amamantar.

Pullover: Prenda que usan los chicos cuando la madre tiene frío.

Pañuelo: Trozo de tela que se usa en los funerales para disimular la falta de lágrimas.

–¿Qué debo hacer para que mi hija no tenga los ojos tan saltones?
–*Aflójele el moño, señora.*

–Mami, ¿puedo mecer al abuelito?
–*No hasta que sepamos quién lo ahorcó.*

–Mamá, ¿cuál es la definición de flatulencia?
–*Hijo mío... ¡esta pregunta me huele mal!*

–¿Crees que debo darle el sí a mi novio, mami?
–*Depende de la pregunta que te haya hecho, hija.*

–Pepe, ¿sabes que cada mujer que llevé a mi mamá no le gustó? Era demasiado alta o baja; o muy callada o gritona. ¡Siempre le encontraba algún defecto!
–*Es fácil, Paco. Consigue una mujer lo más parecida a tu madre y después me cuentas.*

–*¿Cómo te fue, Paco?*
–He seguido tus consejos. Busqué una mujer igual a mi madre. El mismo peso, la misma altura, la misma personalidad, idéntico carácter...
–*¿Y?*...
–Mi padre la odia.

–Sí, mamá, ya sé que estoy mal en Geografía y en Gramática, pero estoy seguro de que en la escuela voy a conseguir el primer puesto en Música.
–*¿Por qué, hijo?*
–Porque siempre que cantamos en coro, yo soy el primero en terminar.

–Tu hijo le ha sacado la lengua al mío.
–*Son cosas de niños.*
–Sí, pero no puedo cortarle la hemorragia.

El galleguito cabezón:
–¡Mamá! *¡¡¡Si mi cabeza fuera de oro seríamos multimillonarios!!!*
–Hijo, si tu cabeza fuera de barro también, ¡¡¡imagina la cantidad de jarrones que podríamos hacer!!!

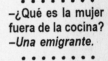

–¿Qué es la mujer fuera de la cocina?
–*Una emigrante.*

La vida es larga y dura... *¡¡¡chúpame la vida!!!*

Era una bailarina a la que le gustaban tanto pero tanto los perros que *sólo bailaba el can-can.*

Súper Matrimonio

Un matrimonio circulaba en su vehículo por la ruta sin decirse ni una palabra. Acababan de tener una dura pelea. En ese momento, pasaron por una hacienda donde se veían varias mulas y cerdos.

Ella no pudo evitar mirar a los animales.

Sarcásticamente, él preguntó:

–*¿Familiares tuyos "querida"?*

–Sí... ¡¡¡mis suegros!!!

• • • • • • • •

Asfaltado: Expresión que dicen las maestras al niño que no va a diario a la escuela.

• • • • • • • •

El mejor matrimonio sería aquel que reuniese a una mujer ciega con un marido sordo.

–Nuestro matrimonio funciona muy bien porque está basado en una relación muy pero muy justa del 40 y el 60: *mi marido gana el 40 por ciento y yo gasto el 60 por ciento.*

–*El matrimonio es como el divorcio.*

–¿Cómo?

–*Ambos comienzan cuando un hombre encuentra a una mujer que realmente lo entiende.*

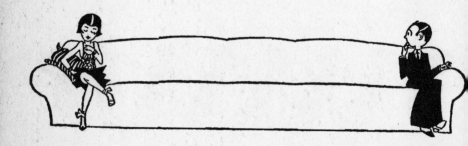

Súper Mexi

Un mexicano y un puertorriqueño viajaban en un avión. El puertorriqueño empezó a vomitar y el mexicano se moría de risa.
–¡Es la primera vez que veo a un puertorriqueño devolver algo!

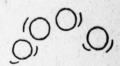

–¿Cuántos policías mexicanos hacen falta para cambiar una bombilla?
–No sé.
–Ninguno. Todos se quedan alrededor amenazándola.

–¿Por qué México no tiene equipo olímpico?
–Porque cada mexicano que puede nadar, correr o saltar está en los Estados Unidos.

–¿Cómo se reconoce una aerolínea mexicana?
–Cuando llegas a destino tienes que comprar tu propio equipaje.

Entró un mexicano en un bar:
–¡¡¿Quién carajo me pintó el caballo de verde?!
Nadie contestó.
–Repito: ¡¡¡¿¿¿Quién carajo me pintó el caballo de verde???!!!
Silencio mortal.
–¿¿¿Quién pintó mi caballo de verdeeee??? ¡Que salga el hijo de puta que pintó mi caballo...!
De pronto se levantó de la mesa un hombre enorme.
–El hijo de puta fui yo... ¿Passsa algo?
–Pero no. ¿Qué va a pasar? Quería decirle que, cuando le venga bien, ¿puede darle la segunda mano?

Para triunfar en la vida hay que ir siempre con la verdad por delante *y la mentira por detrás.*

Después de años de meditación, ahora tengo la seguridad absoluta de que ya puedo *dudar de todo.*

Hay dos cosas que no entiendo. *La otra no la digo.*

169

Súper Milagro

El gallego Muleiro era *muy creyente.* Jamás dejaba de peregrinar a Santiago. Un otoño llegaron *las inundaciones.* Su casa quedó completamente aislada. Muleiro *alcanzó a subir al techo de su casa.* Allí pasó más de diez horas. Hasta que se acercó en medio de *una tormenta horrorosa* un bote tripulado por dos policías:
–¡Salte, Muleiro! ¡Salte que lo rescatamos!
Muleiro estaba aferrado a la chimenea.
–¡No, Dios me salvará! ¡Yo tengo fe y el Señor me salvará!
El agua ya llegaba hasta el pecho de Muleiro. Dos horas después, se acercó un helicóptero en medio del viento. Le arrojaron una escalera de soga:
–¡Agárrese a la escalera, Muleiro! ¡Lo sacaremos de allí!
–¡No, Dios me salvará!
Quince minutos después, el gallego Muleiro murió ahogado. Cuando llegó al cielo, lo primero que hizo fue reprocharle al Señor.
–¡Coño, joder! He sido un cristiano devotísimo durante sesenta años. ¿Puede saberse por qué no me salvaste?
–¿Por qué no te salvé? ¿¿¿Por qué no te salvé??? ¡No me jodas, Muleiro!: te mandé un bote, te mandé un helicóptero, ¿qué mierda pretendías, coño?

–¿Qué hace un policía gallego en la playa frente al mar?
–*Espera una ola criminal.*

Un manco, un cojo y un parapléjico fueron a la fuente de la ciudad de Lourdes, para curarse.
Cuando llegaron a la fuente de Lourdes el manco sin perder tiempo metió el muñón en el agua bendita.

Al rato sacó el brazo y tenía la mano completa.

–*¡¡¡Dios mío!!! ¡Gracias por este milagro! ¡Te rezaré todos los días!*

El cojo quedó alucinado y decidió meter su pierna.

Al rato la sacó y gritó:

–*¡¡¡Dios mío!!! ¡Milagro! ¡Mi pie vuelve a estar en su sitio, y con todos sus dedos, gracias!*

El parapléjico dijo:

–Por favor, compañeros métanme a mí entero en el agua, a ver si yo también me curo.

Lo metieron con silla de ruedas y todo dentro del agua.

Al rato, lo sacaron:

–*¿Qué pasa? ¿Cómo te sientes? ¡Intenta levantarte!*

El inválido trató de levantarse, pero tras varios intentos se rindió:

–No puedo, esto no ha servido de nada.

–*¿Cómo que no ha servido de nada? Mira tu silla, llantas de aluminio, espejo retrovisor, alerón trasero...*

Durante un apagón en Galicia, quedaron dos mil gallegos atorados en los elevadores de los edificios durante dos horas... *siete mil más, atorados en las escaleras mecánicas.*

• • • • • • • •

Acera de enfrente: **Es imposible saberlo. Aquí me dicen que es aquélla y allí me dicen que es ésta.**

• • • • • • • •

Cualquier hombre puede llegar a ser feliz con una mujer, *con tal de que* no la ame.

• • • • • • • •

Súper Mili

Un paracaidista en su primer lanzamiento, aterrorizado:
—¡Coraje, lánzate, coño!
—Pero, señor, ¿y si el paracaídas no se abre?
—¡No tiene importancia, joder! ¡Está el de seguridad! ¡Coraje, lánzate, coño, joder!
—Pero, ¿si el de seguridad no se abre?
—¡Lánzate igualmente! En ese caso, cuando llegues a la tierra, lo cambias por otro.

—¿Alistarse a los cincuenta y ocho años? ¡Es usted demasiado viejo para ser un buen soldado, Manolo Muleiro!
—Pero ¿cómo? ¿Ustedes no necesitan generales?

En plena batalla el soldado Muleiro se asomó por la trinchera y gritó a los del otro lado que disparaban sin cesar:
—¡Eh, cuidado, que aquí hay gente!

En el cuartel:
—Mi general, miles de hombres están levantándose.
—¿Qué pasa? ¿Una revolución?
—No... es que son las seis de la mañana.

Durante unas maniobras navales el almirante:
—Aquí debería haber tres acorazados, y no veo más que dos. ¿Dónde está el otro?
Los oficiales se miraron entre sí.
—¿Dónde está el tercer acorazado?
—Señor, está usted en él.

Preguntaba Muleiro:
—En muchas ocasiones se ha optado por militarizar a los civiles, pero ¿se ha intentado alguna vez civilizar a los militares?

Filtración: Cuando una información oficial en estado sólido se derrite al calor del dinero.

Súper Mix

Cuatro gusanos fueron puestos en cuatro frascos separados:
El primer gusano en un frasco *con alcohol.*
El segundo gusano en un frasco *con humo de cigarrillo.*
El tercer gusano en un frasco *con esperma.*
El cuarto gusano en un frasco *con tierra fértil.*
Después de haber pasado un día...
El primer gusano: *Muerto.*
El segundo gusano: *Muerto.*
El tercer gusano: *Muerto.*
El cuarto gusano: *Vivo.*
Lección aprendida del experimento: Mientras tomes,
fumes y tengas sexo... *¡no tendrás gusanos!*

Sólo responde rápidamente y no hagas trampa:
1. Menciona dos marcas de cigarros.
2. Menciona dos marcas de cerveza.
3. Menciona dos clases de vino.
4. Menciona dos marcas de preservativos.
5. Di el nombre de los dos ríos de Tanzania que en su
desembocadura forman un delta.
    *¡¡¡Ajá!!! ¿Ves? Es hora de que dejes de fumar, be-
ber y hacer el amor y ¡ponte a estudiar!*

–Padre, quiero confesarme... Es que soy pirómano...
*–¡¡¡Tú lo que eres es un hijoputaaaaa!!! ¡Apaga eso!
¡Aaaarrrrrggggggg!!!!*

Existen tres tipos de calvos:
Aquellos cuya calvicie se inició por adelante: se dice
que *"piensan".*
Aquellos cuya calvicie se inició por atrás: se dice que
"follan mucho".

En tu casa planté una higuera porque pensé que me querías, pero como no me quieres *dame los higos que son míos.*

Detrás de todo gran hombre hay una gran mujer. *Menos la mía, que siempre va por delante.*

Aquellos cuya calvicie es similar tanto adelante como atrás: son los que *"¡piensan que follan mucho!"*.

Los polacos tienen este dicho sobre la capacidad de la propaganda comunista para reinterpretar la historia: *"No sólo el futuro es incierto; el pasado también cambia continuamente"*.

–¿Me podrías prestar cinco mil dólares?
–Lo lamento, pero el dinero pone en peligro nuestra amistad. Y nuestra amistad vale más que cinco mil dólares.
–Bueno, entonces préstame *diez mil.*

–Oiga, por favor, ¿me podría decir dónde está la barbería?
–No puede perderse, siga el reguero de sangre arriba.

–¿En qué se parece el Viagra a las filas que se hacen en los parques de Disneylandia?
–En que hay que esperar una hora... ¡¡¡para disfrutar apenas cinco minutos!!!

Ancianito en la farmacia:
–Disculpe joven, ¿me da un frasco de Viagra?
–¡Cómo no! ¿Me permite ver su receta?
–La receta no la traigo, pero si quieres ¡¡¡te muestro al enfermito!!!

Una gran fábrica de zapatos mandó al centro de África dos promotores de ventas, uno pesimista y el otro optimista, para que investigaran el mercado.
El primero telegrafió:

"Posibilidades nulas, aquí nadie usa zapatos".
El segundo comunicó:
"Grandes posibilidades, aquí todos andan descalzos".

–Paco, ¿qué estás mirando allá a lo lejos?
–Es que me han dicho que la moto se arranca de una patada y miro a ver dónde caerá la moto.

–Si quieres saber los años que tiene mi mujer, pregúntaselo a mi cuñada.

La última voz audible antes de la explosión del mundo será la de un experto que diga:
–¡Es técnicamente imposible!

Mil indios subidos en un árbol:
–Jefe, ¿me puedo subir?
–No, que van a vernos.

–Por favor, véndame una aspirina.
–¿Se la envuelvo?
–No, Manolo, ¡si me la voy a llevar rodando!

En el entreacto de una ópera la gallega Paca regresó a su sitio.
–¿Fue usted al que pisé al salir?
–Sí, señora.
–Gracias, sólo quería saber si éste era mi sitio.

En medio de un atasco de tráfico, una chica no lograba hacer arrancar su coche. Un conductor impacien-

Paco es tan idiota que se quedó toda la noche detenido en la puerta del prostíbulo esperando *que cambiara la luz roja.*

El gallego Muleiro no es demasiado rápido. Trabajaba en un banco y lo pescaron *robándose dos lápices.*

Alba: Principio de un nuevo día o fin de una gran noche.

175

te no hacía más que tocar y tocar la bocina.

–¿Quiere usted probar si puede arrancar mi coche, mientras yo toco la bocina del suyo?

–El mes pasado jubilaron a mi marido.

–Qué bien, así podrá estar en casa más tiempo.

–Sí, ahora tengo doble marido con la mitad de sueldo.

–Mamá tengo la polla más grande de todo tercer grado ¿es porque soy negro?

–No, hijo: es ¡porque tienes 19 años!

–¡Y ya lo saben, muchachos! Si son muchos, ¡corremos! Si son pocos, ¡nos escondemos! Y si no hay nadie, ¡a luchar, que para morir nacimos!

–¿Por qué la gallina es tan sucia?

–Porque caca-rea.

La gallega María era tan pero tan discreta que nunca supo quiénes eran los padres de sus hijos.

Las mujeres son como los autobuses: unas van, otras vienen y de noche son menos pero más rápidas.

Las mujeres consideran que guardar un secreto es simplemente *no decir quién se lo dijo.*

–¿Qué le dijo un español a un chino?
–*¡Hola!*
Y el chino le respondió:
–*Las dos en punto.*

–Un amigo mío es tan inteligente que inventó una lámpara que con un tamaño de sólo 50 centímetros ilumina todo Pekín.
–*¿Y qué? En mi país, el presidente, con un culo de tan sólo 20 centímetros, ¡¡¡tiene cagado a tooooooodo el país!!!*

–*¿Qué tal te fue en Londres?*
–El clima es pésimo. Fíjate que me fui a comer a un restaurante al aire libre, y de pronto empezó a llover.
–*¿Te mojaste?*
–Eso fue lo de menos. Lo malo es que tardé dos horas en acabar con la sopa.

–¿Cómo se sabe que una mujer dirá algo inteligente?
–Porque comienza la frase diciendo: "Escuché a un hombre decir..."

Beso: Un truco encantador para dejar de hablar *cuando las palabras se tornan superfluas.*

Azulejos: Baldosas que, paradójicamente, ni tienen que ser azules ni tienen por qué estar lejos.

Súper Modelos

–¿Qué hacen las modelos para mantener sus manos tan suaves y las uñas tan largas y perfectas?
–*No sé.*
–Ab-so-lu-ta-men-te nada.

–Es curioso que mi cumpleaños siempre coincida *con el santo de Julio Iglesias.*

–Yo solía ser virgen pero lo dejé: *no da dinero.*

–Pero, ¿cómo que le ha dado un infarto, *con lo bien que me caía?*

–Yo me visto *bien* para *desvestirme mejor.*

–Te hace juego con los vaqueros, con la ropa de calle, con la de vestir, con todo... Si te fijas, el abrigo de visón *es lo que más te pones.*

–Ah, no. Para ponerle los cuernos a alguien yo jamás he usado la cama de mi madre. *He preferido la de mi padre.*

Una modelo argentina fue al mirador de la carretera México-Cuernavaca. Durante cinco horas se quedó absorta mirando la capital. Después de tantas horas,

cuando le preguntaron que era lo que observaba, dijo:
—*Estoy mirando cómo se ve la ciudad sin mí.*

—No, nunca fui un ser demasiado normal... Ni antes ni después *de comprarme el celular.*

—¿Drogarme yo? De ninguna manera. *Es malísimo para el cutis.*

—Un hombre, si es un hombre, te tiene que *pegar un poco.*

—Soy Cinturón Negro *en Shopping.*

—Viajo en limusina más que nada *para ver la tele.* ¿Okay?

—*Mi marido quiere que devuelva un vestidito que compré porque* me costó 24.300 dólares. *Lo convencí para quedármelo: le juré que voy a usarlo* dos veces.

Dijo la modelito:
—*Tengo una amiga que es tan frígida que llegó virgen a su segundo matrimonio.*

• • • • • • • •
Dijo la modelito:
—*A mí los hombres me gustan como el café:* cuatro veces al día.
• • • • • • • •
Entró un calvo en una peluquería y dijo:
—¡Uy, perdón!
• • • • • • • •
Supermodelos: Evidencia de que todos los demás estamos mal hechos.
• • • • • • • •

–Anoche mi marido me dio placer otra vez: *durmió en el cuarto de al lado.*

–*Nada* es lo suficientemente bueno para mi novio. Y eso es lo que le doy: *nada.*

–El *matrimonio* por dinero se llama *patrimonio.*

Preguntó Muleiro:
–*Los chinos cuando se casan ¿se van en viaje de Buda?*

· · · · · · · ·

Si el universo es infinito... ¿Por qué cuesta *tanto aparcar?*

· · · · · · · ·

Me siento diagonalmente aparcado en *un universo paralelo.*

· · · · · · · ·

–Mi posición favorita cuando hago el amor *es mirando hacia el shopping* ¿okay?

–Una se puede casar con más dinero *en 10 minutos* del que puede gastar *en toda una vida.*

–Yo hago el amor con los ojos cerrados (así puedo imaginar que estoy en un shopping).

–*¿Qué es un diamante?*
–No sé.
–*Uno de los trocitos de vanidad más caros del mundo.*

180

Súper Money

–¿Así que naufragó el barco ese en el que viajabas, Manolo?
–*Pues sí. Y hubo mucha discriminación ahí...*
–¿Por qué?
–*Porque todos los de la tripulación sólo salvaban a los del plan "Viaje ahora y pague después".*

Llamada telefónica del banco:
–*Señora, dígale a su marido que su cuenta está sobregirada en más de cinco mil dólares.*
–¿Cinco mil dólares? ¡Imposible! ¡Nosotros *nunca hemos tenido tanto dinero!*

–*El dinero no es lo más importante. El amor es lo más importante. Por suerte,* yo amo el dinero.

–*Ayer fui a un restaurante chino y me dieron la especialidad de la casa:* cobrar por adelantado.

–*¿Qué es el capital y qué es el trabajo?*
–¿Puedo poner un ejemplo? Supongamos que mi padre le pide prestadas cinco mil pesetas. Esto sería el capital. Ahora supongamos que usted las quiere cobrar. Esto sería el trabajo.

–*¿Qué hizo el negro cuando ganó la lotería?*
–Se compró una limusina y contrató a un blanco para llevarlo en el asiento de atrás.

–*Un arqueólogo se encuentra una moneda de 1.500 años antes de Cristo. ¿De qué es la moneda?*
–De nada: Porque en aquellos tiempos no existían las monedas.

Lo que menos me interesa de una mujer pobre es *su dinero.*

El dinero sirve para todo... *(pero nada más).*

Súper Monja

La beata recalcitrante fue a la iglesia como todas las mañanas y se arrodilló.

–Señor, a veces no entiendo tu Sabiduría. Cada mañana te pregunto lo mismo. ¿Cómo es posible que mi vecina, una recién venida al barrio, una nueva rica insoportable, goce de tu bondad? Ella... que se acuesta con cuatro hombres diferentes cada semana, que peca, que no reza, que vive licenciosamente, ¡tiene cuanto quiere!: un esposo que la adora, viajes al lugar del mundo que elija, pieles, joyas, coches. Y yo que cada día te pido, y me arrodillo ante Ti... yo, que pertenezco a una familia que respeta la tradición, la familia, la propiedad, no gozo de los mismos beneficios. ¿Por qué a ella todo y a mí nada Señor, Dios mío?

–¿Quieres saber por qué?

–Sí, ¿por qué, por qué, Señor?

–¡Porque ella no me *rompe las pelotas*!

. . . .
**Era una monja tan
pero tan tonta *que
no tenía cura.***
. . . .

La hermana Paca le pidió al cura Manolo que, por favor, la llevase hasta un templo cercano.

La monja subió al auto y se sentó en el asiento del copiloto. Cruzó las piernas y el hábito se le abrió dejando ver la pierna. El cura se quedó mirando y siguió conduciendo.

Al rato, le tocó la pierna. La monja le dijo:

–Padre, ¡acuérdese del Salmo 129!

El Padre le pidió disculpas y siguió conduciendo.

Al rato, otra vez le tocó la pierna. Y la monja:

–Padre, ¡acuérdese del Salmo 129!

–Perdóneme, hermana, pero, usted sabe, la carne es débil.

Cuando el cura llegó a su parroquia, se fue rápidamente a buscar en la Biblia el Salmo 129, que decía:

"Seguid buscando y allí arriba encontraréis la Gloria..."

Moraleja para las mujeres: Si no se quieren quedar con las ganas ¡¡¡hablen claro!!!

Moraleja para los hombres: ¡Entiendan de una vez por todas que las mujeres *jamás les van a decir "sí" directamente!*

Súper Mujer

–¿Imaginan un mundo sin hombres? Nada de crímenes y *¡millones y millones de mujeres gordas!*

Mujer Zip: Gran programa, pero sin documentación.

Sólo hay tres tipos de mujeres: las inteligentes, las que están buenas y... *la inmensa mayoría.*

–Una mujer viendo la tele, los platos sin fregar y la cocina sucia. ¿Cuál es el problema?
–*La cadena es demasiado larga.*

Mujer Vaso de Agua: No se le niega a nadie.

–Ahora que estás lejos de mí, no sabes cuánto te extraño... ¡pero cuánto me divierto!

–*¿Y aún te atreves a mirarme a la cara, Manolo?*
–¡Hay que resignarse: a todo se acostumbra uno, mujer!

–¿Cuáles son las 70 cosas para las que sirven las mujeres?
–*Para el 69 y para cocinar.*

Mujer Lechuga: Está en todas las fiestas pero nadie se la quiere comer.

• • • • • • • •
Vikingo: Navegante escandinavo que vivía orgulloso de andar con los cuernos puestos.
• • • • • • • •
Si todos nos damos la mano... después *¿quién nos hace cosquillas?*
• • • • • • • •
Consultor: Alguien que te quita el reloj de la muñeca, te dice qué hora es y te cobra por ello.
• • • • • • • •

Mujer Caviar: Sólo se la comen los que tienen dinero.

El inspector visitó la escuela:
—*Dime para qué sirve la grasa animal.*
—¡Para freír la comida, imbécil!

—¿En qué se parece una mujer a un frasco de ketchup?
—*En que los dos sirven para dar sabor a la salchicha.*

—¿Cuándo llega la mujer al orgasmo?
—*¿Y a quién coño le importa?*

Mujer Cajero Electrónico: Mientras pongas la tarjeta, está 24 horas disponible.

—¿En qué se parece la mujer a una jaula?
—*En que a las dos se les mete el pajarito.*

—¿En qué se parece una mujer a una dentadura?
—*En que si tienes pasta y te la cepillas dos o tres veces al día no te da problemas.*

—*¿Qué es un televisor?*
—No sé.
—*Una caja parecida al ordenador pero más tonta.*

—¿En qué se parecen las mujeres a las botellas de cerveza?
—*En que del cuello para arriba están vacías.*

Súper Nene

–Pero, Paco, joder, ¿cómo dejas que tu hijo clave semejante cantidad de clavos en los muebles?
–No son tantos.
–¡Joder! Ha clavado más de mil clavos en el ropero, en la mesa, en la cama, en la biblioteca. Clavó todo.
–Es que de esa manera no se aburre.
–¿No te parece un poco caro el entretenimiento?
–¡Pues no, joder! ¡En mi trabajo consigo los clavos gratis!

Escuela. Tercer curso:
–Hoy veremos educación sexual, niñas.
–Las que estamos embarazadas, ¿podemos salir al recreo?

–Hijo, no leas el diario íntimo de tu hermana.
–Está bien, mamá, pero explícame: ¿qué significa perder la virginidad?

–Tía, ¡qué tonta eres!
–Pero ¿cómo le dices eso a tu tía? ¡Dile ahora mismo que lo sientes!
–Está bien. Tía, *siento mucho que seas tan tonta.*

Llorando con la tortuguita en la mano.
–¡Mami, la tortuguita está muerta!
–No te apenes mi amor. Lamentablemente nadie vive para siempre. Pero vamos a hacer algo muy bonito: un gran funeral. Vamos a invitar a todos los niños del barrio y le pondremos muchas flores. Después, para con-

solarte, te voy a llevar al Parque de Diversiones, a los videojuegos, al cine y a tomar helados. ¿Te parece bien, hijito?
En ese momento, la tortuguita movió la cabeza.
–Mira, mamá: ¡la tortuguita está viva! *¿Puedo matarla?*

El gallego Muleiro iba en el coche con su hija. De pronto otro auto lo chocó y le rompió un faro.
–¿Dónde vas, papá?
–A pedirle el nombre a ese señor.
Al cabo de un rato, Muleiro volvió al coche:
–Y ahora ¿cómo te llamas, papá?

–A ver, Manolito, dime ¿cuáles son los Reyes Godos?
–Isabel y Fernando, señorita.
*–¿*Y entonces los Reyes Católicos?
–Melchor, Gaspar y Baltasar.
*–¿*Y entonces los Reyes Magos?
–Los padres, señorita, los padres...

· · · · · · · ·
Cuando los nenes son pequeños dan ganas de comérselos y cuando crecen uno dice *¿por qué cuernos no me los comí...?*
· · · · · · · ·

En una escuela en la edad de piedra estaban haciendo un dictado.
–Fue en ese momento que los del clan del valle vecino nos atacaron...
Los alumnos tallaban la piedra a toda velocidad.
–...pero nuestros valerosos guerreros...
–Profesor, profesor, "valerosos" ¿se escribe con dos huevos o con tres?

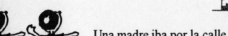

Una madre iba por la calle llamando a su hijo:
–¡Coné, Coné!
–¿Por qué lo llama Coné?
–Porque cuando lo íbamos a bautizar, el cura nos

preguntó: "¿Cómo se llama el niño?" "Pues, Ugenio".
Y el cura respondió: "Será con E". "Pues como usted diga", y por eso se llama Coné.

El compañero de Manolito se había quedado dormido:
—Manolito, despierta a tu compañero.
—Ah, no señor: usted lo ha dormido, ¡usted lo despierta!

Con la mimosa voz que las mamás usan para hablar con sus hijos pequeñitos:
—¿De quién es este muchachito?
—¡Espero que no me salgas ahora con que no sabes quién es mi papá!

Por todos los medios imaginables, la madre trataba de hacer que su hijo tomase la sopa.
—Anda, bonito: haz de cuenta que es tierra.

—Papá ¿te acuerdas de que me ofreciste una bicicleta si salía bien de los exámenes?
—Sí, hijo.
—Pues fíjate si tienes suerte, que no vas a tener que comprármela.

—Señora, dígale a su hijo que deje de imitarme.
—Niño, ¡deja ya de hacer el idiota!

El interés que sientas por un hombre va en proporción directa a la probabilidad de que él esté saliendo con otra.

Berro: Bastor alemán.

Director de orquesta: Señor que en todas sus actuaciones da la nota.

Súper Nerd

-Si tengo 40 manzanas en una mano y en la otra tengo 50. ¿Qué tengo?
-*¡Unas manos enoooormes!*

Dos vacas inglesas:
-*Oye, ¿sabes que dicen que nosotras estamos locas?*
-¿Y me lo dices a mí que soy una gallina?

-¿Cómo se deja intrigado a un idiota por 24 horas?
-*No sé.*
-Mañana te lo digo.

-¿En qué se parece un elefante a una hormiga?
-*En que los dos empiezan con H.*
-Pero ¡si elefante no se escribe con hache!
-*Es que el elefante se llama Hugo.*

-La mamá de Pedrito tiene cinco hijos: Ya, Ye, Yi y Yo. ¿Quién falta?
-*Yu.*
-No, ¡Pedrito!

-¿Cómo te fue en la casa de tu novia?
-*Muy mal, papá, me cortó, ¡terminó con nuestra relación!*
-¿Por qué?
-*Bueno, ella me dijo que subiera a su cuarto, que me desnudara (nos desnudamos)... que apagara la*

-¿Ninguno de sus tres hijos es del mismo padre?
-El de los gemelitos, sí.

Entre una palmada en la espalda y una patada en el culo, sólo hay treinta centímetros.

La gallega Paca tiene las medidas equilibradas, perfectas: ¡95-95-95!

Algo terrible volvió a suceder anoche entre mi mujer y yo: nada.

luz (la apagué) y luego me dijo que hiciera cochinadas.

–¿Y qué hiciste?

–*Pues... Me cagué.*

–Oye, las mujeres con muchas tetas ¿te gustan?

–*La verdad es que las mujeres con más de dos me dan asco.*

–¿Cuál es el mes más corto del año?

–*Mayo,. porque sólo tiene 4 letras.*

–¿Por qué los pájaros vuelan hacia el Sur durante el invierno?

–*Porque es muy lejos para ir caminando.*

–¿Puede usted sumar todos estos números 88888888 de manera que el resultado sea 1.000?

–Es como sigue: 888 + 88 + 8 + 8 + 8 = 1.000

–Mi abuelita es centenaria.

–*¿Y qué? ¡La mía es millonaria!*

Un santiagueño andaba con un tubo fluorescente bajo un brazo.

–*¿Estás cambiando el tubo?*

–¡No! Si voy a estar tomándome la temperatura.

–¿Por qué se llama a la pelota "pelota" y a la bota "bota" si lo que bota es la "pelota" y no la "bota"?

Ombligo: Especie de timbre que muestran las mujeres, generalmente en verano y primavera, pero que si lo tocas te atiende el novio.

Un imbécil es un hombre que *despierta a su mujer para recordarle que tiene que tomar las pastillas para dormir.*

Súper ¡No!

Varias personas se detienen frente a un edificio atraídos por los gritos que llegan desde el balcón del séptimo piso. Se observa que un hombre trata de tirar hacia abajo a una anciana. La vieja se agarra con las últimas fuerzas de la baranda y grita. La gente empieza a protestar:

–*¡Suelta a la pobre mujer! ¡Asesino!*

–¡Es mi suegra!

Silencio. Luego un hombre de la multitud comenta:

–*¡Miren cómo se agarra esa desgraciada!*

–*La primera vez que mi madre me bañó siendo muy pequeño, sentí horror.*

–¿Y la segunda?

–*La segunda no sé qué me pasará.*

El matrimonio había organizado una fiesta grandiosa.

Pero su hijo arruinó todo.

Había roto los platos.

Había arrojado la torta por la ventana.

Había meado en la alfombra.

Su madre era incapaz de ponerle límites.

Finalmente su padre le pidió al portero, el gallego Manolo, que hiciese algo.

–*Déjenme solo con el pequeño.*

El gallego se llevó al pequeño a otro cuarto.

Regreso después de diez minutos.

No se oyó un solo ruido más.

Pasaron dos horas y el chico seguía en el cuarto, calladito, calladito.

–¡Pero usted ha hecho un milagro! ¿Cómo hizo para que se quedara tan calladito?

–*Pues, ¡nada del otro mundo, hombre! ¡Le enseñé a masturbarse!*

Súper Ñoquis
(Variaditos y Sabrosos)

En plena noche de Año Nuevo, el marido a su mujer:
—*Este año, mi deseo es perder 70 kilos.*
—¿No es mucho?
—*¿Mucho? ¡Es lo que pesas!*

—¡Ring, ring, ring!
—*Sí, diga.*
—Hola, Manolo, ¿te acuerdas de mí?
—*A ver, a ver... Espera un momento que me pongo las gafas.*

En la farmacia:
—*¿Tiene algo contra el reuma?*
—Particularmente, nada. Al contrario: me trae mucha clientela...

—*¿Qué te pasa, Manolo? ¡Traes una cara!*
—¡Joder! Es ésa la fórmula en la que he trabajado durante cinco años. Ayer, luego de millones de pruebas, funcionó.
—*¿Y en qué consiste?*
—Una sola gotita de mi preparado hace que el órgano sexual se agrande veinte centímetros y que se ponga duro como una roca.
—*Pero ¡eso es genial, Manolo! ¿Por qué estás deprimido?*
—¡Hombre, pues porque funciona sólo con mujeres!

El marido era una persona muy holgazana, que se pasaba el día tumbado en la cama o yendo de una silla a otra, sin hacer absolutamente nada, en tanto que la pobre mujer no paraba de trabajar. Cuando al final de

Había un bandolero gallego tan pero *tan gordo que jamás pudo ser rodeado por la policía.*

191

la jornada, después de catorce horas, caía extenuada en un banquito, el hombre la contemplaba con satisfacción y le decía con orgullo a su hijo, señalándola con el dedo:

—Así me gusta ver a tu madre, descansada y gozando de la vida.

Llegó el gallego Manolo a un burdel.

Tocó a la puerta.

Le abrió la encargada y al ver su vestimenta tan campesina le preguntó:

—¿Qué se te ofrece?

—¡Quiero una mujer, joder!

—¿Tienes experiencia?

—No, yo vivo en la montaña.

—Entonces vete allá a la sierra donde vives, búscate un tronco de árbol que tenga un agujero, practicas allí durante un mes y luego vuelves, ¿de acuerdo?

El gallego Manolo se fue.

Practicó durante todo un mes con un tronco.

Regresó al prostíbulo, pero llevaba una tabla muy gruesa debajo del brazo.

—¡Quiero una mujer, ya tengo experiencia!

Llamaron a María para que lo atendiera.

María y el gallego subieron al cuarto, ella se desnudó y se hincó en la cama para acostarse. Entonces el gallego le dio tremendo tablazo en las nalgas.

—Pero, ¿qué te pasa, gallego gilipollas? ¿Por qué me pegaste con la tabla?

—¡Joder! ¡Quería asegurarme de que no tienes avispas en el agujero!

....

—¿Es verdad que en esta zona uno puede encontrarse con caníbales?

—¡En absoluto! Puede estar usted tranquilo, el último nos lo comimos la semana pasada.

....

Súper Obvios

—¡¡¡Auxilio, socorro, llamen a los bomberooos se quema nuestra casaaaaa!!!
—¡¡¡Shhh!!! ¡Silencio, mi amor! ¡No hagas ruido!
—Pero ¿por qué?
—¡Porque vas a despertar a tu madre!

No es lo mismo *"Ana va a la prueba"* que *"prueba la banana"*.

—¡Siempre me agredes, Manolo!
—¡Eres una imbécil mentirosa, carajo!

Equivalencias:
Hombre inteligente + Mujer inteligente = *Romance*
Hombre inteligente + Mujer tonta = *Aventura*
Hombre tonto + Mujer tonta = *Embarazo*
Hombre tonto + Mujer inteligente = *Boda*

Jefe inteligente + Empleado inteligente = *Utilidades*
Jefe inteligente + Empleado tonto = *Productividad*
Jefe tonto + Empleado inteligente = *Ascenso*
Jefe tonto + Empleado tonto = *Horas extras*

—¿Qué pide la oveja Dolly en un hotel?
—*Una habitación doble.*

No es lo mismo *"¿qué deporte te gusta?"* que *"¿de qué porte te gusta?"*.

Estadístico: Persona que si tiene su cabeza en el horno y sus pies en el hielo puede asegurar que en promedio se encuentra bien.

Súper ¡Oh!

–*¿Qué haces, Manolo?*
–Un pozo para enterrar a mi perro.
–*¿Y por qué hiciste tres pozos?*
–Porque los dos primeros no eran lo suficientemente profundos.

–*¿Sabes que me caso, Pepe?*
–¿Ella ya sabe que tienes una pata ortopédica, Manolo?
–*No, ¡es para darle* una sorpresa, *jo, jo, jo!*

–*¿El domingo pasarás a buscarme para ir de paseo?*
–Sí, pero *¿y si llueve?*
–*Entonces pasas el sábado.*

–*¡Usted es un imbécil!*
–*¡Mida las palabras!*
–*Las he medido... y usted resulta ser un imbécil ¡con ab-so-lu-ta pre-ci-sión!*

Televisión: Medio más común para controlar la natalidad.

–¿En qué se parecen las mujeres al cassette?
–*En que cuando las terminas de un lado, ¡las das vuelta!*

–*¿Por qué miras tanto a la puerta?*
–Estoy pendiente de que no se lleven mi bufanda, porque tu abrigo se lo llevaron hace media hora.

Quien está libre de pecado...¡no sabe lo que se pierde!

No es lo mismo "Tejidos y novedades en el piso de encima" que "Te jodes no ves nada y encima te pisan".

Súper ¡Paf!

–¿En qué se diferencian una polilla y una mujer?
–*La polilla come tela, y la mujer te la come.*

El gallego Paco era tan pero tan limpio *que nunca se bañó porque no le hacía falta.*

–¿Cuál es la diferencia al hacer el amor con la novia, la amante y la esposa?
–*Que la novia dice: "¡Ay me duele!", la amante dice: "¡Ay que rico!"... y la esposa dice: "¡Hay que pintar el techo!".*

–¿Por qué el hombre siempre piensa y la mujer siempre habla?
–*Porque el hombre tiene dos cabezas y la mujer cuatro labios.*

El autobús iba lleno de pasajeros. El gallego Paco estaba sentado en el último asiento.
De pronto, el autobús frenó y todos los pasajeros se bajaron menos el gallego.
El chofer le preguntó:
–*Oiga, hermano, ¿usted no se va a bajar?*
–No, ¿para qué? ¡¡¡si yo fui el que se *tiró el pedo*!!!

–¿Cuál es la diferencia entre una esposa católica y una esposa judía?
–*La católica tiene orgasmos reales pero joyería fingida.*

Amor: Sentimiento que nos inspira los más grandes proyectos y nos impide realizarlos.

El hombre justo no es el que no comete injusticia, sino el que, pudiendo ser injusto, *no quiere serlo.*

Súper Pajarito

Dos pajaritos estaban en una rama de árbol. Un pajarito:
—¿Pío?
—¡Haz lo que quieras!

Había una vez una pequeña viejecita que casi estaba ciega y tenía 3 hijos celosos que querían probar que cada uno de ellos era el mejor hijo para ella.

El primero le compró una mansión de 15 habitaciones pensando que sería lo mejor que se le podría ofrecer.

El segundo le compró un Mercedes con chofer, pensando que seguramente con este regalo ganaría su aprobación.

El tercero tenía que hacerlo aun mejor, así que le compró una cotorra instruida, a la que había estado entrenando durante 15 años para que memorizara la Biblia entera. La cacatúa podía citar palabra por palabra cualquier verso de la Biblia. Éste seguramente iba a ser el mejor regalo.

Después de recibir los regalos, la dama le dijo al primer hijo:
—Hijo, la casa es bella, pero es demasiado grande para mí. Yo sólo ocupo una habitación y es demasiado pesado limpiar y encargarse del resto. Gracias de todos modos por haberte molestado.

Le dijo al segundo hijo:
—El auto es muy lujoso, pero yo casi no salgo y es un desperdicio. Además, el conductor es un tanto irritante y no me gusta mucho. Aprecio tu esfuerzo, pero ¿podrías devolverlo?

Entonces, le habló al tercer hijo:
—¡Hijo, me gustaría darte las gracias por el mejor regalo de todos! Ese pollo ¡¡¡estaba delicioso!!!

• • • • • • • •

Si amas la paz y la tranquilidad, *toca la bocina*.

• • • • • • • •

Me pregunto cuán profundo sería el océano *sin esponjas*.

• • • • • • • •

Nada es a prueba de tontos para un tonto *suficientemente talentoso*.

• • • • • • • •

¿Cuál es el pájaro que se orina sobre los paragolpes de los coches?
El pájaro mea placas.

¿Cuál es el pájaro que se orina en época de lluvias?
El pájaro mea tormentas.

¿Cuál es el pájaro que se orina sobre las pirámides de Egipto?
El pájaro mea ruinas.

¿Cuál es el pájaro que se orina sobre las lavanderías?
El pájaro mea ropas.

¿Cuál es el pájaro que se orina sobre las mujeres feas?
El pájaro mea gachas.

¿Cuál es el pájaro que se orina sobre las ballenas asesinas?
El pájaro mea orcas.

¿Cuál es el pájaro que se orina sobre las vinaterías?
El pájaro mea cavas.

• • • • • • • •
Ojos que no ven... *pies que pisan* *caca.*
• • • • • • • •
Árbol que crece torcido... se le caen los pajaritos.
• • • • • • • •
Si un pájaro te dice que estás loco, debes estarlo... *los pájaros no hablan.*
• • • • • • • •
Más vale pájaro en mano *que hijo a los quince años.*
• • • • • • • •

197

Súper Papi

—¿Qué haces, hijo?

—*¡Juego con lo que me sale de los huevos, papá!*
Ante semejante respuesta, el papá le da una terrible bofetada.

—*¡Mami, mami! ¡¡¡No me compres más Kinder Sorpresa que papá me pega si juego con lo que traen adentro!!!*

> Cuando el filósofo señala la luna, *el tonto se fija en el dedo.*

A los 5 años: Mi papá "es lo máximo". Se las sabe todas.

A los 10 años: ¡Qué grande e importante es mi papá!

A los 15 años: Mi papá anda fuera de onda.

A los 20 años: Mi papá ya no da.

> **Piénsalo:** Si no fuera por el matrimonio el hombre pasaría por la vida creyendo *que no cometió ningún error.*

A los 30 años: No sé cómo mi papá no pudo hacer lo que yo hice y voy hacer.

A los 40 años: Voy a consultar a mi papá; he visto que mucho de lo que me ha dicho se ha cumplido.

A los 50 años: ¡Qué lastima que sus ideas son anticuadas y están fuera de foco!

¡Murió el viejo! Cuántos buenos consejos me dio y no aproveché.

A los 60 años: ¡Qué sabio era mi papá! Cuántos problemas me hubiera evitado de haberle hecho caso antes.

¡En verdad siempre me quiso mucho!

—Papi, ¿cómo hacen el amor los Leones?
—*Exactamente igual que los Rotarios.*

Un muchacho va al servicio militar. Luego de un tiempo su padre es llamado por el comandante:

—*Señor, tenemos que darle una noticia buena y otra mala sobre su hijo, ¿cuál quiere oír primero?*

–Dígame la mala primero.
–*Hemos descubierto que su hijo es marica.*
–¿Y cuál es la buena noticia?
–*¡¡¡Lo hemos elegido "La reina del cuartel"!!! ¿No es divino?*

–Papá, en el colegio hay un niño que me llama mariquita.
–*¿Y por qué no le pegas?*
–¡¡¡Ay, es que es tan guapo!!!

–*Ha sido un sueño fantástico. ¡Soñé que me regalabas cinco mil pesetas, papá!*
–¡Pero, mira qué bien! Pues, ¡quédatelas hijo, te las regalo!

–*Papá, no me siento con fuerzas para ser un valiente.*
–No importa, hijo. Bastará con que te sientas con fuerzas para ser un cobarde.

–La Paca, mi esposa, está bien, gracias. Pero mi hijo, el Manolín, no puede dar un paso.
–*¿Qué tiene?*
–Cinco meses.

● ● ● ● ● ● ● ● ●
Perdona siempre a tus enemigos. *No hay nada que les fastidie más.*

● ● ● ● ● ● ● ● ●
Es mucho más fácil perdonar al enemigo *una vez que nos hemos desquitado.*

● ● ● ● ● ● ● ● ●
Por muy bajo que hable *siempre me oigo.*
● ● ● ● ● ● ● ● ●

Súper Pechos

–¿En qué se parece un hombre a una computadora?
–*En que parece que piensa y hace todo... pero si no lo programas ¡no hace nada!*

–¿En qué se parece un hombre a "Windows"?
–*En que cada vez que sale parece que lo incluye todo, pero al final siempre tiene una versión que lo reemplaza.*

–*No soy un buen amante. Pero al menos soy rapidísimo.*

–¿Para qué se masturban los hombres?
–*Para tener sexo con alguien a quien aman.*

–¿Qué obtenemos si dividimos la cantidad de hombres por la superficie que ocupan?
–*La densidad de la estupidez.*

–¿Qué es lo más parecido a un hombre inteligente?
–*Una lesbiana.*

–¿Por qué los hombres le ponen nombre a sus penes?
–*Para saber quién es el que toma todas las decisiones por él.*

Si te gusta una chica y tú a ella no, ánimo: *Hay muchas más chicas con las que podrás estar en la misma situación en el futuro.*

Amigo: Persona que en el momento de prosperidad acude al ser llamado y en el momento de la adversidad acude sin que lo llame.

Lágrimas: Expresión de los ojos cuando la boca se queda muda.

–¿En qué se parecen los hombres a los enterradores?
–*Están interesados tan sólo en tu cuerpo.*

–¿A qué ser mitológico se parecen los hombres?
–*Al centauro...* (mitad hombre y mitad bestia).

–¿Por qué a Tarzán lo escogieron hombre y no mujer?
–*Porque se necesitaba un cuerpo atlético con "cerebro de mono".*

–¿Por qué la mayoría de las mujeres maneja mal?
–*Porque todos los instructores de manejo son hombres.*

–¿Cuáles son los tres enemigos de la mujer?
–*Solteros, casados y viudos.*

–¿En qué se parecen los hombres a los canguros?
–*En que son las ratas más grandes que hay.*

–¿Por qué Dios creó al hombre?
–*Para que alguien te mantenga.*

–¿En qué se parece un hombre a un cajero automático?
–*En que si no te da dinero no sirve para nada.*

Belleza: Arma con la cual una mujer seduce a un amante y aterroriza a su esposo.

Divorcio: Es la causa por la cual muchos *se animan a casarse.*

Súper Peores

Una mañana muy temprano Manolo sacó la basura.
—*Eh, Manolo, ¿qué haces?*
—Me mudo.

—¿Por qué el gallego dejó de mover los intestinos?
—*No sé.*
—Tenía miedo de olvidarse dónde los había puesto.

—¿Por qué tienen una neurona más las mujeres que las vacas?
—*Para que al tocarles las tetitas no mujan.*

Pepe era un ejemplar humano tan mal terminado que pensaban que lo habían hecho en Hong Kong.

El gallego Muleiro en la Casa de Gobierno.
—*Buenas... Quiero ser Jefe de Gobierno, ¿cuáles son los requisitos?*
—¡¿Está loco, drogado o es un imbécil?!
—*No, con tantos requisitos mejor ya no.*

Javier y Pablo eran dos hermanos ricos y malvados que asistían a la misma iglesia. Cuando Pablo murió, Javier le entregó al pastor un cuantioso cheque para que mandara construir un nuevo templo a todo lujo.
—*Sólo le pongo una condición: que en el oficio fúnebre diga que mi hermano era un santo.*
El pastor accedió y depositó el cheque en el banco. En

. . . .
Una de las cosas que más nos diferencia de las bestias es que ellas *no saben organizar una guerra.*

. . . .
Lo cortés no quita lo valiente. *Lo descortés, tampoco.*

. . . .
Es muy relajado salir con mi ex esposa: *ella sabe que soy un idiota.*

. . . .

la ceremonia fúnebre, subió al púlpito y seguro declaró:
—Pablo era un hombre malvado que engañaba a su mujer
y traicionaba a sus amigos pero, comparado con *Javier, era un santo.*

Manolín tenía 16 años pero no era demasiado listo en
cosas del sexo... tampoco.
—*Oye, Pepa, ¿vamos de excursión a la montaña?*
—No me siento muy bien, Manolín.
—*¿Qué quieres decir con eso?*
—Ya sabes, estoy en "esos" días.
—*¿Qué quieres decir con "esos" días?*
—Que tengo mi período.
—*¿Qué es eso de "período"?*
—Bueno, que estoy sangrando aquí abajo.
Para que finalmente Manolín comprendiese, la Pepa se
levantó la falda, se bajó las bragas y le mostró.
—*¡Joder!* ¡Cómo no vas a estar sangrando si te han
cortado la *polla* de raíz!

Ya de madrugada, el gallego Paco le mostraba su nue-
vo apartamento a unos amigos. Paco los llevó a su dor-
mitorio, donde había un gigantesco *gong de bronce.*
—*¿Y eso?*
—Es mi reloj parlante.
—*¿Reloj parlante? ¿Y cómo funciona?*
Paco le dio un fuerte golpe al gong con un mazo. El
gong retumbó de forma impresionante.
De pronto, se oye un grito a voz en cuello desde el otro
lado de la pared:
—*¡Por Dios, grandísimo hijo de puta! ¡Son las 2 de
la mañana!*

*Prensa del duode-
no:* Cuando la pren-
sa del corazón cae
en lo más bajo.

• • • • • • • •

Una multa es un im-
puesto por hacer lo
incorrecto. *Un im-
puesto es una multa
por hacer lo correcto.*

• • • • • • • •

Se descubrió recien-
temente que los in-
vestigadores *causan
cáncer en las ratas.*

• • • • • • • •

Súper Pito

Solicitud de un aumento salarial.

—Yo, el pene, pido aumento de salario por las siguientes razones:

a) Ejecuto trabajo físico.
b) Trabajo a grandes profundidades.
c) Trabajo de cabeza.
d) No gozo de descanso semanal, ni días feriados.
e) Trabajo en un local extremadamente húmedo.
f) No me pagan horas extras ni nocturnas.
g) Trabajo en un local oscuro y sin ventilación.
h) Trabajo a altas temperaturas.
i) Trabajo expuesto a enfermedades contagiosas.

Respuesta de la Administración.

—Después de lo planteado por el solicitante y considerando los argumentos expuestos, la administración rechaza las exigencias del mismo por las siguientes razones:

1) No trabaja ocho horas consecutivas.
2) Se duerme en el puesto de trabajo después de una corta actividad laboral.
3) No siempre responde a las exigencias de la jefatura.
4) No siempre es fiel a su puesto de trabajo, se mete en otros departamentos.
5) Descansa mucho antes de tiempo.
6) No tiene iniciativa. Para que trabaje hay que estimularlo y presionarlo.
7) Descuida la limpieza y el orden del local al terminar la jornada de trabajo.
8) No siempre cumple con las reglas de uso de los medios de protección e higiene del trabajo.
9) No espera a la jubilación para retirarse.
10) No le gusta doblar turnos.
11) A veces se retira de su puesto de trabajo cuando aún tiene faena pendiente.
12) Y por si fuera poco, se le ve entrar y salir constantemente del puesto de trabajo con dos bolsas sospechosas.

Amor es el mito de que un pene es *diferente de otro* pene.

El cine ayuda a soñar. *La televisión a dormir.*

204

Súper Porteños

(¡¡¡Más de argentinos!!!)

Se casó un abuelo argentino de 87 años con una niña de 19.

−¡Pero abuelo, pensá un poco en tu salud! ¡Una relación así puede ser fatal!

−Si tiene que morir de placer, morirá. ¡Ya veré cómo la reemplazo!

−¡Buenas! ¡Quiero comprar un loro!

−Tengo este que es francés, estudió en la Sorbona, sabe economía y ha hecho varias películas interesantes. Cuesta 1.000 dólares.

−¿Y este otro?

−Éste es norteamericano, experto en ingeniería hidráulica y en electrónica. Cuesta 3.000 dólares.

−¿Y éste?

−Éste es argentino y vale 50.000 dólares.

−¡Seguramente sabe hacer millones de cosas!

−No sabe hacer nada, pero los otros dos le dicen "Jefe".

Un argentino se quiso matar y decidió dejarse caer desde su ego, sólo que no murió del porrazo, sino de inanición, *porque nunca tocó el suelo.*

José Flores tenía un campo cerca de Santa Fe.

Plantó trigo.

Una terrible granizada *destruyó su cosecha.* Quedó casi arruinado.

Con gran esfuerzo, trabajó y trabajó hasta que consiguió plantar su campo *una vez más con trigo.*

Una enorme inundación *destruyó su cosecha.*

Volvió a quedar arruinado.

Años tardó en reponerse hasta que *pudo volver a plantar.*

- - - - - - - -
Hay que mirar el dinero con desprecio... *pero nunca perderlo de vista.*

- - - - - - - -
Ojo por ojo... *ojo al cuadrado.*

- - - - - - - -
Cuidemos el agua... *¡tome cerveza!*

- - - - - - - -
La vida es muy corta *para aprender alemán.*

- - - - - - - -

Esta vez no paró de llover *en 54 días.*
Desesperado, *José Flores fue a la iglesia.*
Se persignó.
Se arrodilló.
–*¿Por qué Dios mío? Soy un buen católico. Doy todo lo que puedo para obras de caridad. Voy a misa todos los domingos desde que tengo seis años. Mis hijos son devotos. Mi mujer guarda cada uno de los preceptos de la Santa Madre Iglesia. ¿Por qué entonces nos suceden todas estas cosas? ¿Por qué?*
Se oyó un trueno. Destelló un relámpago y una voz todopoderosa se hizo oír:
–¡Porque *odio a los argentinos!* ¡Oh, cómo los odio!

Las pirámides son el mejor ejemplo de que en cualquier tiempo y lugar *los obreros tienden a trabajar menos cada vez.*

Del testamento del mago gallego Pepe Muleiro:
–*Que le den el diez por ciento de mis cenizas a mi representante artístico.*

Un piloto argentino fanfarrón:
–Soy experto y no necesito reflectores para aterrizar, puedo hacer un aterrizaje perfecto sólo con que me pongan una vela en la pista.
–*La vela ¿tiene que estar encendida o apagada?*

–¿Por qué los argentinos no quieren jugar a las escondidas?
–*No sé.*
–Porque nadie quiere salir a *buscarlos* y muchísimo menos *encontrarlos.*

Un funcionario argentino viajaba en misión oficial a España y se entrevistó con un alcalde.
El español lo recibió en su casa, y el argentino se sorprendió de su buen nivel de vida.
–Esteeee, disculpe que le pregunte, ¿no? Pero, ¿cómo hace para tener esta casa tan cara con un sueldo de alcalde?
–*¿Ve aquella carretera?*
–Sí.
–*Bueno, el dos por ciento de esa carretera es la decoración de esta casa.*

Un año más tarde, el alcalde español viajó a la Argentina y visitó al funcionario argentino para devolverle su gentileza. Cuando llegó a la mansión del argentino, casi se cayó de culo. La casa era un *palacio*.

La decoración, *lujuriosa*.

Las tres piscinas, *espectaculares*.

El bosque de dos hectáreas, *maravilloso*.

–¡Joooooooder! ¡Coño! ¿Cómo puede tener usted semejante mansión con su sueldito de funcionario?

El funcionario argentino llevó al español a la ventana más alta de su casa.

–¿Ve esas autopistas, esas escuelas, aquellos hospitales y gasoductos?

–Perdóneme usted. Pero allí yo sólo veo un descampado.

–Bueno, el ciento por ciento de todo eso es esta mansión.

Era un porteño tan cobarde que *no se compraba un sombrero hongo por temor a que fuera venenoso*.

Era un argentino tan pero tan tonto que *se cortó una oreja porque la tenía repetida*.

Un argentino es un señor español que se cree un norteamericano millonario y que, en realidad, no es más que un pobre italiano y *por eso sufre como un judío*.

–¿Por qué los argentinos no se bañan con agua caliente?

–*Porque se les empaña el espejo*.

¡Noticia de último momento! Buenos Aires:

Un OVNI acaba de aterrizar en el aeropuerto de Ezeiza. Los extraterrestres se encuentran en perfectas condiciones... pero ¡les robaron el equipaje!

La civilización moderna usa calculadoras en lugar de los clásicos dedos, pues estos últimos los tiene ocupados *en hurgarse la nariz*.

Anestesista: persona que está casi dormida al lado de un enfermo casi despierto.

207

Súper Preso

Dos gallegos escaparon de la cárcel descendiendo por la ventana mediante unas sábanas anudadas.
Bajó el primero, pero volvió a subir.
–*¿Vía libre?*
–Vía libre, pero no se puede bajar.
–*¿Por qué?*
–¡Porque la cuerda es demasiado larga!

Paco y Pepe fueron encarcelados.
Consiguieron desarrollar una manera de comunicarse mediante un código secreto que consistía en golpear sus jarros de lata en los barrotes.
Pero perdieron todo contacto cuando *los sacaron de la misma celda y los mandaron a celdas diferentes.*

En la cárcel el preso de la celda 14 llamó al guardián:
–*El otro día desapareció un pañuelo, y hoy no encuentro mi peine. Estoy empezando a sospechar que en esta cárcel hay ladrones.*

Tres prisioneros iban a ser ejecutados. Llegó el día del primero, lo llevaron frente al paredón y en el momento en que le iban a disparar, el prisionero gritó:
–*¡Inundación! ¡Inundación!*
El pelotón de fusilamiento se dispersó por el pánico y el prisionero logró escapar.
Al día siguiente, cuando al segundo prisionero estaban por dispararle gritó:
–*¡Huracán! ¡Huracán!*
Nuevamente el pelotón se dispersó y el segundo reo escapó. Por fin le tocó ser ejecutado al tercer prisionero, quien inmediatamente antes que le dispararan gritó:
–*¡Fuego! ¡Fuego!*

· · · · · · · ·
El problema de ser pobre es que te ocupa todo el tiempo.
· · · · · · · ·
Pesimista: Se trata de un optimista bien auditado.
· · · · · · · ·

Súper ¿Qué?

–¿Qué son 100.000.000 de abogados maltratados?
–*Pocos...*

–¿Qué es un genio?
–*Un hombre que sabe de todo, menos ganar dinero.*

–¿Qué es una viuda?
–*Una mujer que siempre sabe dónde está su marido.*

–¿Qué es un agujero?
–*Un señor que vende agujas.*

–¿Qué es un cínico?
–*Un hombre que sabe el precio de todas las cosas pero ignora su valor.*

–¿Qué es un gentleman?
–*Es un hombre que puede describir a Sharon Stone y Naomi Campbell sin hacer ningún gesto con la mano.*

Dios fue donde los egipcios y les preguntó:
–¿Queréis un Mandamiento?
–*¿Qué es un Mandamiento?*
–Es algo así como: *"No se debe cometer adulterio".*
–*Imposible, nos arruinaría los fines de semana.*
Dios fue donde los asirios:
–¿Quieren un Mandamiento?

Boda: Ceremonia en la que un hombre y una mujer se comprometen a que a ella nunca le falte nada.

–¿Qué es un Mandamiento?
–Es algo así como: "No se debe robar".
–De ninguna manera. Eso arruinaría nuestra economía.
A Dios no le quedó otra alternativa que ir en busca de los judíos.
–¿Quieren un Mandamiento?
–¿Cuánto cuesta?
–Son gratis.
–¿Gratis? ¡Dame diez!

–¿Qué se obtiene si se encierran en una habitación un gay y un judío?
–Una comedia musical.

–¿Qué es un jurado?
–Doce personas que deciden cuál de los clientes tiene el mejor abogado.

–¿Para qué inventó Dios el alcohol?
–Para que las gordas, bajitas y feas pudieran perder la virginidad.

–¿Qué apareció antes, la masturbación masculina o la femenina?
–La masculina que es "manual", porque la femenina es "digital".

–¿Qué es duro y largo para una mujer?
–Tercer grado de la primaria.

–¿Por qué tienen las mujeres los pies pequeños?
–Para alejarse menos del fregadero.

. . . .
Busto: Estatua de un hombre sin manos, o parte de las mujeres donde están las manos del hombre.
. . . .
–¿Quién es el mejor amigo de la mujer?
–El caballo. Si no ¿quién iba a tirar del carro?
. . . .
Las mujeres son como las monedas: algunas se regalan, algunas las ganas, pero *al final no sirven para un carajo.*
. . . .

Súper Raros

–¿Por qué descubren siempre al Hombre Invisible gallego?
–Ni idea.
–Es el único que lleva boina.

–¡Padre, padre! Los cerdos no quieren comer...
–¡Coño! ¿Y ahora dónde metemos a tu abuela?

Ahorro: Palabra que debería escribirse sin h, para economizar una letra.

–El otro día le escupí a un gilipollas en la cara.
–¿Sí? ¿Y qué le escupiste?
–Hombre, después de la ostia que me dio, los dientes.

–¿A dónde vas, Manolo?
–A Miami, en viaje de bodas.
–Pero... ¿y tu mujer?
–Ella se queda en casa. Ya conoce Miami.

–¿Cómo se descubre a un espía gallego?
–No sé.
–Es el único que, para pasar de incógnito, se cuelga un signo de interrogación en la espalda.

Cachibache: Pequeño hoyo en el pavimento que está a punto de convertirse en bache.

Un gallego llevó a su familia al puente más alto de la región:
–Familia, con lo que yo gano, no hay para alimentarnos a todos, por eso, lo mejor es que nos tiremos de cabeza al puente.
Ante tan dramáticas palabras, se tiraron primero los diez niños, después se tiraron los cuatro abuelos,

211

las cinco tías, los suegros, y finalmente la mujer. Cuando sólo quedaba él ante el precipicio, a punto de tirarse, reflexionó:

–¡Joder! Con lo que gano, para mí solito, ¡sobra!

Restaurante:
"Si usted está fumando y desea apagar su cigarrillo en el plato, la camarera le traerá con mucho gusto la comida en un cenicero".

Entre un ministro y su hijo:
–¿Has salido bien de los exámenes?
–*Sí, papá, me han dado sobresaliente.*
–¿Y qué te han preguntado?
–*Que si era hijo tuyo.*

–Maestro, cuando usted muera yo escribiré su biografía.
–*Hace bien en decírmelo, porque esto será un estímulo más para seguir viviendo.*

Era tan inhumano que cuando le sacaron una radiografía le encontraron un "Vale por un corazón".

–Voy a servirte el Cóctel Católico.
–¿Cómo es?
–Te tomas la primera copa, ¡y caes de rodillas!

–*Dime lo que te dije que estudiaras para hoy.*
–Pues, hay tablas de encina, de pino, de álamo y otras.
–*Pero, ¿qué dices Pepe?*

–Estudié la tarea que mandó, ¿no era que aprendiéramos las tablas?

La gallega Paca era tan pero tan coqueta que se tiñó la materia gris de rubio.

–Mi capitán, su esposa acaba de pasar en su coche por la puerta.
–¿Y qué? A cada instante pasa un coche por la puerta.
–Sí, pero es que esta vez la puerta estaba cerrada.

En la mili:
–¿A quién estás escribiendo?
–A un amigo.
–¿Y por qué escribes tan despacio?
–Es que el pobre apenas sabe leer.

–Un señor se cayó de un sexto piso y no le pasó nada.
–¡Anda! ¿Y eso cómo pudo ocurrir?
–Porque se cayó con mucho cuidado.

–Deberías pintar la cocina de amarillo claro, parecería más amplia.
–Pues voy a seguir tu consejo, porque si supieras cuánto necesito un poco más de espacio.

Un chaval de quince años envió un ramo de flores a su primera novia, con una nota que decía:
"Con todo mi amor y con todos mis ahorros."

Estadístico: Persona que lleva una bomba de mentira cuando viaja en avión, porque eso disminuye las posibilidades de que haya otra en el mismo avión.

Confianza: Vía libre que se le da a una persona para que cometa una serie de barbaridades.

Súper Ricos

–Le voy a decir a mi viejo que me cambie el Lamborghini.
–¿*Ya no te gusta?*
–Sí, pero ¡*como ya se llenaron los ceniceros!*

Lo único que se puede conseguir con un dólar *es cambio.*

–Comprar un yate nuevo: *el viejo se me mojó.*

–En casa no contamos el dinero: *lo pesamos.*

Aviso en un periódico:
"Busco chofer. Muy buena presencia *para conducir mi moto Harley Davidson".*

–No me gustan los regalos prácticos. Prefiero los que tienen un gran valor sentimental *como un BMW, pieles, diamantes, cash...*

Ganar dinero es lo más divertido que se puede hacer *sin quitarse la ropa.*

–Tenemos cuatro autos: *uno para cada dirección.*

Decía el multimillonario gallego:
–*Los argentinos son como los hipopótamos: me en-*

El nuevo rico gallego era tan idiota que quería instalar un *Cajero Automático en la limusina.*

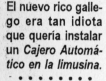

Soy demasiado rica *para comer pan.*

–Ríase solo: y el mundo pensará que usted es un idiota.

Retención: 15 por ciento de estreñimiento reservado para el erario público.

canta verlos revolcándose en el barro. Pero jamás llevaría uno a mi casa.

–El dinero no lo es todo. *A veces no es ni siquiera el 99 por ciento.*

–Conseguir: *Un dentista para cada diente.*

–El dinero es una de las 10 razones para lograr la reencarnación. *Las otras 9 no tienen la menor importancia.*

–¿Buenos Aires? Esa ciudad no es lo suficientemente grande *para mis Tarjetas de Crédito.*

–En mis fiestas siempre *servimos* dinero.

–Mi esposo tiene un corazón de oro. *¿Y si me hago una pulsera?*

–El dinero es como un sexto sentido. Una no puede usar *los otros cinco sin dinero.*

–Todos tienen dinero *norteamericano* en bancos *suizos.* Nosotros tenemos dinero *suizo* en bancos *norteamericanos.*

Si no puedes hacerlo bueno, hazlo bonito.
Bill Gates

Anotaciones en la agenda de una nueva rica:
Comprar tres docenas de anillos en Tiffany *(por si alguien me pide limosna).* Si llego a tener otro hijo lo voy a llamar Franco (suizo). Si es nena, *Yen.* Tengo que empapelar *la limusina.*

La nueva rica:

–A mis chicos les encanta preguntar *cuánto vale Disneylandia.*

–Cuando una mujer se da vuelta para mirar a otra mujer... *¡se trata de visón auténtico!*

–Debo comprar un vestido Versace *exclusivamente* para las *polillas.*

Los hombres durante su vida pasan por tres fases: Antes de los 29 son como el arbusto del jardín: *duros y bien dispuestos.* Hasta los 49 son como el roble: *fuertes y confiables.* Y a partir de los 50 son como los arbolitos de Navidad: *con las bolitas de adorno.*

–Alguien mencionó el otro día *La Torre de Babel...* (Averiguar dónde queda y *si está disponible el Pent-house.*)

–El dinero no hace la felicidad, pero te lleva a más y mejores lugares para comprobar que es cierto.

–Siempre que rezo pregunto: "Querido Dios, *¿puedo comprarte algo?"*

–*¿Por qué rompiste tu compromiso con el acaudalado don Manolo?*
–Porque lo vi un día en traje de baño y me pareció muy diferente sin su billetera.

–*¿Por qué no trabajas?*
–Porque quiero hacerme rico.
–*¿Rico sin trabajar?*
–Claro. ¿No has visto que los que trabajan nunca tienen tiempo para ganar dinero?

Súper Rubias

–Por fin nos pusimos de acuerdo mi novio y yo para ir de vacaciones: él se va a Nápoles, *yo de shopping a New York.*

–Todo el mundo me habla del Louvre. Tengo que ir. *Es el único shopping de París que no conozco.*

–Oye, Centroamérica es un país *del Tercer Mundo,* ¿no?

–Dicen que soy medio idiota. Bueno... *mejoré.*

–Mi novio cree que soy una chica 10: *Digo 10 idioteces por minuto.*

Fácil: Dícese de la mujer que tiene la moral sexual de un hombre.

–Me encantan las fiestitas de 15: *Yo y otros 14.*

–Amo las cosas más simples de la vida: *los hombres.*

–Cuando mi novio habla, yo escucho... *en general, la radio o la tele.*

A caballo regalado, *quítale el envoltorio.*

–¿Por qué se llama a la cómoda "cómoda" y a la cama "cama" si la cómoda es la "cama" y no la "cómoda"?

Arte abstracto: Donde la firma se cotiza más que la propia obra.

–Cuando mi esposo se deprime le digo que tiene mil razones para vivir: *Hay que terminar de pagar la casa, las cuotas de los coches, la casa de la playa, las tarjetas de crédito...*

–*Para lucir siempre muy mona hay que* rodearse de gente horrible.

–Siempre hay una excusa para tener un nuevo guardarropa: *lo primero que hay que hacer es tirar el viejo.*

–El otro día tuve un orgasmo tan enorme que casi *despierto a mi marido.*

–Yo despierto la parte animal de los hombres: *visón, leopardo, zorro...*

Guantes: Prendas que se compran de dos en dos y se pierden de uno en uno.

–Yo sigo la dieta de Hollywood: *tres hombres por día.*

–Quise hacerle una torta de cumpleaños a mi novio pero fracasé: *se me derritieron las velitas cuando la metí en el horno.*

–¡Adoro Miami! En Miami no eres declarado legalmente muerto *hasta que pierdes totalmente tu bronceado.*

Humorada: *Cuando uno se tira a la mujer de un amigo.* Mariconada: Cuando el amigo se tira a la mujer de uno.

Súper Sex

Una anciana entró a un sex-shop, con la desesperación pintada en la cara.
–*¿Aquí venden el consolador Rex de ocho pilas?*
–Sí, señora...
–*¿Me puede decir cómo se detiene?*

–¿Cuántos gallegos hacen falta para violar a una mujer?
–*No sé.*
–Cuatro. Tres para sujetarla y *uno para leer las instrucciones.*

–¿Por qué los hombres se sientan con las piernas abiertas?
–*Para que no se les estropee el cerebro.*

Una pareja contrajo matrimonio.
–*Yo los lunes voy al café, los martes al pool, los miércoles juego a las cartas, los jueves juego golf, los viernes ceno con amigos, los sábados voy al bar y los domingos juego al tenis.*
–Bueno, aquí todos los días se hace el amor a las doce... estés o no estés.

Una muchacha blanca se casa con un negro y en la noche de boda está muy preocupada porque ha oído hablar del tamaño del pene de la raza negra.
Ya en el hotel, comparte sus preocupaciones con el novio. Él la consuela:
–*No te preocupes, te lo voy a enseñar por partes para que te acostumbres poco a poco.*
Sale de la habitación y por la puerta le enseña una pulgada del pene.
–*¿Estás bien, mi querida?*

Tetómetro: Sistema métrico empleado en los concursos de televisión para evaluar las cualidades de la presentadora.

Aclamar: Aplaudir con la garganta.

219

–Sí, estoy muy bien, ya puedes entrar querido.

Él avanza otra pulgada y pregunta nuevamente:

–*¿Estás bien, mi querida?*

–Sí, estoy bien, ya puedes entrar.

–*Ahora prepárate. Voy a subir la escalera para llegar a la habitación, ¿okay?*

–Dime la verdad, Manolo, ¿soy buena en la cama?

–*¿Buena? ¡Una santa!*

–*¿Por qué le gustas a esa chica?*

–Porque le parezco guapo, inteligente, fuerte...

–*¿Y ella? ¿Por qué te gusta a ti?*

–Porque le parezco guapo, inteligente, fuerte...

–El amor es como la luna; cuando no crece es que mengua.

Después de mucho tiempo se encontraron Paco y Manolo en la calle. Paco preguntó:

–Manolo, ¿cómo te va en tu vida matrimonial?

–*Bien, pero mi esposa quiere sexo en todo momento. Me tiene hecho flecos.*

–La mía estaba igual, pero empecé a cobrarle.

–*¿Y cómo haces eso?*

–Por hacer el amor en la cama le cobro 400 dólares; en el sillón, 200, y en la alfombra, 100 dólares. Cóbrale y ya verás cómo empieza a aflojar.

Manolo llegó a la casa y cuando su mujer le pidió que hicieran el amor él le comunicó la nueva tarifa.

–*Está bien: te pago los 400 pesos.*

–Perfecto: ¡vamos a la cama!

–*No, mi amor. ¡¡¡Lo haremos cuatro veces en la alfombra!!!*

Topless: Confirmación de la filosofía de que menos es más.

Anillo: El culo de un enano.

¡El sexo con amor es bárbaro! El sexo sin amor ¡tampoco es tan terrible!

Avaro: Imbécil capaz de morirse de hambre con tal de que no le falte para vivir.

Súper Short

–Doctor, en la sala de espera hay un hombre que dice ser invisible.
–*Dígale que ahora no puedo verlo.*

–Doctor, soy un niño invisible y mis amigos se ríen de mí.
–*¿Por qué?*
–Porque cuando tocamos el timbre yo también salgo corriendo.

–¿Por qué asesinó usted a su esposa?
–*Por compasión.*
–¿Cómo es eso?
–*Es que me dijo que sufría mucho con un hombre como yo.*

Dos escritoras envidiosas:
–*Muy bueno tu último libro. ¿Quién te lo escribió?*
–Yo te digo quién me lo escribió si me dices quién te lo leyó.

–Tuve que dejar de cantar por culpa del cigarrillo.
–*¿Te arruinó la garganta?*
–No, mientras canto no puedo fumar.

–*¿Sabes cuál es el santo más risueño?*
–San Ja-jacinto.

Luego de cuarenta años de casados:
–*Querida, tengo que confesarte algo que nunca te dije: soy daltónico.*

....
Para muchos hombres, el matrimonio es la manera *más cara de tener las camisas limpias.*

....
Yo nunca supe lo que era la felicidad hasta que me casé... *pero ya era demasiado tarde.*

....
–¿Por qué anda siempre el lechoncito con la cabeza baja?
–*Porque le da vergüenza que su madre sea una puerca.*
....

221

–No importa, querido. Yo también tengo que hacerte una confesión: *soy negra*.

–El otro día fui a ver cine porno con mi esposa.
–*¿Y qué le pareció?*
–No sé, pero cada vez que ella me mira no puede dejar de reírse.

La sabiduría nos persigue, pero nosotros los gallegos *somos mucho más rápidos.*

• • • • • • • •

Cero: arte de las matemáticas que me aplicaron en historia, geografía y castellano.

• • • • • • • •

–¿En qué se parece un campo de batalla a un rebaño de ovejas?
–En que una *bala por aquí* y otra *bala por allá*.

–*¿Qué es un hombre educado?*
–El que sabe contestar a cada pregunta con una rápida mentira.

Era tan pero tan agresivo el gallego Muleiro que comía carne de cañón.

La gallega Paquita se casó *tantas veces* que tiene *marcas de arroz en la cara.*

–*¿Qué es una sociedad anónima?*
–Una gran empresa que envía cartas sin firmar.

–*¿Tiene patas de cerdo?*
–Sí.
–*Entonces ¿por qué no se va a trabajar a un circo?*

Súper Smog

Después de mucho tiempo, Manolo Muleiro se decidió a ir al médico.
–Deje de fumar, amigo.
–No puedo, doctor.
–Deje el cigarrillo...
–Le repito que no puedo. Ya me trataron varios doctores y fue imposible.
–Sí, pero yo soy dentista. Y si no deja de fumar, ¿cómo quiere que le revise la boca?

–¿Por qué la gente siente un rechazo inmediato por Hillary Clinton?
–Para ahorrar tiempo.

Si Dios creó al hombre a su imagen, está claro que no es de fiar.

Que quede claro: *Quien le roba a un ladrón es otro ladrón.*

–¿Cómo es una película porno irlandesa?
–Un minuto de sexo y 59 de comerciales de whisky.

–¿Cuántas veces puede restarse ocho de cuarenta y ocho?
–Una sola vez. La siguiente no se restaría de cuarenta y ocho, sino de cuarenta.

Decía la nueva rica argentina:
–¿Por qué no hacen billetes de 10.000 dólares? Sorry, pero gastar de a 100 es un opio ¿okay?

Súper Súper

. . . .

Muleiro donó sus órganos a la ciencia. Le aceptaron todo *menos el cerebro.*

. . . .

El gallego Paco:
—Fumar mata. Si te matan, has perdido una parte muy importante de tu vida.

. . . .

—¿Qué culpa tengo yo de que el hombre sea tan, pero tan, pero tan torpe?
La misma piedra

. . . .

Elector: Persona que disfruta del sagrado privilegio de votar por una persona que fue elegida por otra.

. . . .

Pepe Muleiro había formado una orquesta. Ensayaban.
—Oye, Manolo, vete afuera y dinos cómo suena.
Manolo salió, escuchó y volvió a entrar.
—¡Suena estupenda! ¡Estupenda! ¡Deberían oírla!
Y salieron todos a escuchar.

El asaltante le cortó el paso al gallego Manolo.
—*¡La bolsa o la vida!*
—Tome mi vida. Prefiero guardar el dinero *para cuando sea viejo.*

—Pues sí, chico. Vengo del circo, donde el ilusionista ha metido en un cajón a mi señora, y luego, al abrirlo, ha aparecido un ramo de flores.
—*¡Te habrás enfadado muchísimo!*
—¿Estás loco? ¡Me he traído las flores!

—¿Qué se encuentra en el interior limpio de la nariz de un gallego?
—*Sus impresiones digitales.*

—¿Por qué nadie ha atravesado Galicia a pie?
—*Porque nadie puede mantener la respiración por tanto tiempo.*

Entró un gallego a la Unidad de Cuidados Intensivos.
—*¿Cómo funciona esto?*
—Te van a echar en una camilla como a mí. Te van a poner el

cuerpo todo lleno de cables. Y verás que hay una televisión que está todo el tiempo haciendo *"pi-pi-pi-pi"*. Tú estate atento, y si ves que se para, haz el ruido *"pi-pi-pi-piiiiii"* aunque sea con la boca. Porque si no, viene un tío vestido de blanco que te *caga a hostias para ver si te pones bien.*

–Paca, ¿estás embarazada?
–*Sí, Pepe.*
–¿Y estás segura de que el bebé es tuyo?

–¿Cómo se sabe que una casa fue robada por un gay?
–*Desapareció toda la bisutería y los muebles fueron reubicados con un gusto ¡es-pec-ta-cu-lar!*

En la prisión. Hora de visita.
–*Querido, ¿tuviste problemas con la lima que te puse en el pastel?*
–Sí. Me operan mañana.

No pudieron creerle. Su madre le preguntó:
–*¿Practicas el sexo seguro?*
–¡Desde luego! ¡He puesto una baranda alrededor de mi cama!

Se encuentra el Presidente de la República con tres bellas damas en una discoteca: una pelirroja, una rubia y una morena. Se dirige a la pelirroja:

Arqueología: Actividad científica que tiene su futuro en ruinas.

Casa: Estructura vacía construida para que habite el hombre, la cucaracha, la rata, la mosca, el mosquito, la pulga, el piojo y el microbio.

Dama: Señora que sabe tocar el órgano, pero no lo hace en público.

Acatar: Obedecer la orden de probar el vino.

–Soy el Presidente de la República, ¿cuánto me cobraría por pasar una noche conmigo?

–A usted, señor Presidente, le cobro 2.000 dólares.

Le hizo la misma pregunta a la rubia:

–A usted, Presidente, le cobraría 1.000 dólares.

Finalmente la morena:

–Presidente, si puede levantar mi falda tan alto como están los impuestos; bajarme los calzones tan bajos como están los sueldos; sacar esa cosa suya y ponerla tan dura como está la vida; mantenerla tan alta como están los precios de los víveres y follarme de esa forma tan dulce y delicada como usted se está follando al pueblo, a usted, Presidente... ¡No le cobraría nada!

Todo el mundo miente. Pero no importa, *¡si nadie escucha!*

–¿Cómo purifican el agua los gallegos?

–La tiran de un edificio de diez pisos para que se mueran las bacterias.

El barco se hundía y el capitán se disponía a lanzarse al agua. El primer oficial, horrorizado:

–Capitán, no salte, ¡no salte! ¡¡¡Todavía quedan mujeres a bordo...!!!

–Sí, ¡como para follar estoy yo ahora!

....
Si te he visto, no me acuerdo... *si te desvisto, no me olvido...*
....

Era tan pero tan bruto que cuando soñaba despierto, roncaba.
....

Súper Tan...

La gallega Paca Muleiro era tan pero tan bajita que le encantaba enfermar para que el médico le diera el alta.

La gallega Muleiro era tan pero tan alta que en vez de cumplir años cumplía metros.

El gallego Muleiro era tan avaro que por no comprar un perro para que cuidara su casa, ladraba él mismo.

El gallego Manolo era tan pero tan tonto que le dieron un trabajo de encargado de planta y se metió en una maceta.

El gallego Paco era tan pero tan ciego que hacía el bien sin mirar a quién.

El gallego Pepe era tan pero tan mentiroso que cuando llamaba al perro para darle de comer, el animal no le creía.

La gallega Paca era tan pero tan mentirosa que no le creían ni lo contrario de lo que aseguraba.

. . . .
Los fumadores comienzan su noviciado aquí para ir al infierno donde se necesita *estar muy acostumbrado al humo.*
. . . .
–¿Qué es un Gallego con un maletín montado en un árbol?
–*Un vendedor de Bienes Raíces.*
. . . .

Súper Telón

Se abre el telón y aparece una mujer con un papel partido a la mitad, *intentando juntar ambas partes.*
¿Cómo se llama la obra?
Enigma mortal.

Se abre el telón y aparece la misma mujer pero el papel partido en tres partes *y vuelve a intentar juntarlos.*
¿Cómo se llama la obra?
Misión imposible.

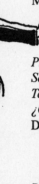

Primer acto: Un dinosaurio toma drogas.
Segundo acto: El mismo dinosaurio toma drogas.
Tercer acto: El mismo dinosaurio toma drogas.
¿Cómo se llama la obra?
Dino-a-las-drogas.

. . . .
En casa nos lleva-
mos a las patadas.
Kung-Fu
. . . .

Primer acto: Una mujer planchando.
Segundo acto: Una mujer barriendo.
Tercer acto: Una mujer lavando la ropa.
¿Cómo se llama la obra?
Un mundo perfecto.

–*A usted ¿qué es lo que más le gusta cuando va a la ópera?*
–Las oberturas.
–*¿Y a usted?*
–Las arias.
–*¿Y a usted, Muleiro?*
–Los entreactos.

Súper Tiernitos

Era un hombre tan pero tan bajito que cuando se murió no lo pudieron enterrar *porque se lo llevó el gato.*

–Así es, Pepe, el abuelo ¡tiene agua en las rodillas!
–*¿¡Sufre de gota!?*
–No. ¡Se le inundó la casa!

–*¿Cuál es el santo de los bajitos?*
–San Demetro.

En la escuela:
–A ver, niñitos, ¿cuál es el futuro del verbo robar?
–*¡Ir presos, señorita!*

La maestra pidió a sus alumnos que escribieran un texto de cien palabras sobre el oficio de carpintero. Al revisar el trabajo, ve que uno dice así:
"El otro día papá sacó sus herramientas de carpintero y se puso a serrar y a cavar cosas en la casa. Primero se hizo un rasguño con la sierra, y luego se pegó un martillazo en los dedos. Hasta aquí van cincuenta palabras. Las otras cincuenta no las puedo escribir, porque son las que dijo papá."

–Doctor, creo que soy invisible.
–¿Quién anda ahí?

Un niño quería entrar en el cine con su perro y lo detuvieron.
–¡Un momento: Tú puedes entrar, pero el perro no!
–*No sea malo, déjelo pasar. Quiere ver la película porque leyó el libro y le gustó mucho.*

Súper Tontos

—¿Qué le dijo la copa de un árbol a la copa de otro árbol?
—*¡Brindemos!*

—A ver si sabes ¿qué le dijo la oreja al dedo?
—*Pasa que ya está encerado.*

—¿Qué le dijo el azúcar a la cuchara?
—*Nos vemos en el café.*

—¿Qué le dijo el papel higiénico a Batman?
—*Yo soy el único que conoce tu baticueva.*

Le preguntaron a un andaluz qué hombre, en su opinión, era el más grande de toda la Historia:
—¡El torero Manolete!
—*Pero ha habido otros como Einstein, Lincoln, Mozart, Edison... ¿No ha oído hablar de ellos?*
—No señor... no los conozco: ¡serían picadores!

—Oye, ¿tienes hora?
—*No, no llevo peine.*
—¡Ah!, como te veo con el sombrero...

—¿En qué andas ahora?
—*Artículos del hogar...*
—¿Vendedor en alguna empresa o vendes por tu cuenta?

*–Ninguna de las dos cosas. Estoy vendiendo todo
lo que tengo en casa.*

–¿No es usted la señorita Smith, hija del banquero multimillonario Smith?
–No.
–Perdone, por un momento pensé que me había enamorado de usted.

–¡Joder, Pepe! ¡Cómo se parece tu gato a un perro!
–Pero Manolo, ¡si es un perro!
–¡Joder! Pues ¡cómo se parece a un gato!

–¿Sabes, Pepe? Hace ya casi un año que no veo a Manolo.
–¡Pero si hace más de nueve meses que murió!
–¡Menos mal! ¡Creí que estaba enojado conmigo!

• • • • • • • •
El gallego Muleiro es
tan bruto que se
duerme *apenas apo-
ya los pies en la al-
mohada.*
• • • • • • • •

Un hombre sin
calzoncillos es *el
animal más inde-
fenso del mundo.*
• • • • • • • •

*–Todo lo que soy se lo debo a mi bisabuelo, el viejo
Pepe Domingo Muleiro. Si aún viviera, el mundo
entero hablaría de él.*
–¿Por qué?
–Porque si estuviera vivo tendría 140 años.

–¿Qué le dijo el agente de seguros a Adán y Eva?
–Ya veo que no están cubiertos.

–¡No sé qué hacer! Voy derecho a la quiebra... ¡estoy
lleno de deudas!

−¿En cuánto estima sus deudas?
−¿Estimarlas? ¡Las odio, las odio!

Un alpinista a su amigo:
−*Ahí te mando la soga, agárrala con la mano.*
−No puedo, tengo la mano ocupada.
−*Átatela en la cintura.*
−No puedo, tengo la cintura con cosas.
−*Tómala con la boca.*
El alpinista le tiró de la soga para que subiera su amigo,
que la mordió.
−*Y... ¿cómo estás?*
−¡¡¡Bieeeeeeeeeeeeeeeeeeeeeeeeeeeeeeen!!!

Muleiro contaba su último viaje a la Antártida:
−Me encontraba, cierta vez, rodeado de montañas de
hielo, cuando justo apareció un feroz lobo marino.
−*¿Y qué hizo?*
−Me trepé a una palmera.
−*¿Cómo? Si en la Antártida no hay palmeras.*
−Ya sé, pero ¿qué querías que hiciera?

Giuseppe, un italiano muy celoso, sospechaba que su
mujer tenía relaciones con un paraguayo. Un día llegó
temprano a la casa y golpeó la puerta:
−¿Quién es?
−Sono ío: *il paraguayo.*

El gallego Manolo se las daba de muy buen torero.
Una tarde fue a la finca de don Paco, el mejor criador
de toros de Galicia.
−*Apártame esos dos para el sábado.*
−¡Que ésos son los doberman, Manolo!

Si mi cuerpo pide
sexo, sexo le doy. Si
mi cuerpo pide tra-
bajo ¡no! *Al cuerpo
no se le deben dar
todos los gustos.*

Súper Touch

El gallego Muleiro era tan pero tan olvidadizo que para recordar algo se hacía un nudo en la corbata.

—*Oye, ¿tú crees que los tontos pueden tener hijos?*
—Pregúntaselo a tu padre.

—*¿Cuál es el santo de los levantadores de pesas?*
—San Son.

—¿Cuál es el colmo del rechazo?
—*Que tu mano te diga que le duele la cabeza.*

—¿Por qué le pegaste a tu compañero con el cuaderno?
—*Porque la mochila pesaba mucho.*

—Última hora: *Gemelo suicida mata hermano por error.*

El gallego Muleiro era tan imbécil que se puso la dentadura postiza al revés y *se comió media cabeza.*

—¿Cómo fue la vida sexual con tu esposa, Pepe?
—*Verás: nosotros practicamos durante veinte años el sadomasoquismo.*
—¿Y eso?
—*Yo roncaba y ella se masturbaba...*

....
—Jamás olvidaré las últimas palabras de mi padre.
—¿Qué te dijo?
—¡Joeputa!... ¡¡¡No me muevas la escaleraaaaaaaaaaaaa
aaaaaaaaaaaaaaaa
aaaaaaaaaaaaaaaa
aaaaaaaaaaaaaaaa
aaaaaaaaaaaaaaaa
aaaaaaaaaaaaaaaa
aaaaaaaaaaaaaaaa
aaaaaaaaaaaaaaaa
aaaaaaaaaaaaaaaa
aaaaaaaaaaaaaaaa
aaaaaaaaaaaaaaaa
aaaaaaaaaaaaaaaa
aaaaaaaaaaaaaaaa
aaaaaaaaaaaaaaaa
aaaaaaaaaaaaaaaa
aaaaaaaaaaaaaaaa
aaaaaaaaaaaaaaaa
aaaaaaaaaaaaaaaa
aaaaaaaaaaaaaaaa
aaaaaaaaaaaaaaaa
aaaaaaaaaaaaaaaa
aaaaaaaaaaaaaaaa
aaaaaaaaaaaaaaaa
aaaaaaaaaaaaaaaa
aaaaaaaaaaaaaaaa
aaaaaaaaaaaaaaaa
aaaaaaaaaaaaaaaa
aaaaaaaaaaaaa!!!
....

Súper Tour

La Pepa y el Pepe Muleiro decidieron pasar sus vacaciones en Miami.

El Pepe decidió entrar en el hotel que le pareció más llamativo y lujoso.

—Quiero una habitación sin reparar en gastos.

El gerente los acompañó. Entraron en un lugar con teléfono dorado, TV color y bar.

—¡Me quedo con este cuarto!

—¡Tranquilo, hombre! Todavía estamos en el ascensor.

—¿Cómo te fue en las vacaciones, Paco?

—Más o menos bien y más o menos mal.

—¿Por qué?

—Pues, porque fuimos a visitar la Costa Brava en coche. Tardamos cinco días en recorrerla y siete días en volver a doblar los mapas.

—¿Cuántos mexicanos se necesitan para cambiar un foco?

—Uno. Sujeta el foco y espera que el mundo rote alrededor suyo.

En el restaurante chino:

—¿Cuál es la especialidad?

—Calne de lata, señol.

—Bueno, quiero eso.

El camarero volvió a los minutos con el pedido:

—¡Mmm! ¡Esto es riquísimo! ¡¡¡Muy bueno!!!

Al día siguiente:

—Sírvame la especialidad.

—¿Calne de lata?

—Sí ¡es excelente!

Al otro día, el mismo hombre, volvió a la misma hora:

· · · · · · · ·

—Un señor que iba para Madrid se encontró con diez señoras, un cura, tres monjas, un gato, dos perros y un policía que hacían el mismo trayecto. ¿Con cuántas mujeres se cruzó?

—Con ninguna, porque todos iban en la misma dirección.

· · · · · · · ·

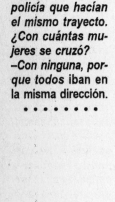

234

–¡Quiero la especialidad de la casa!
–¿*Quiere calne de lata?*
–Sí... es algo delicioso.
–*Lo lamento, señol. Hoy no podlé selvile calne de lata...*
–Pero... ¿por qué?
–*Es que la lata está teniendo latoncitos.*

Pepe Muleiro se fue de vacaciones a Nueva York.
Subió a un rascacielos de 55 pisos.
Tuvo tanta mala suerte que cayó al vacío.
La gente se asomaba a las ventanas.
Mientras caía, Pepe gritaba:
–*¡No os preocupéis! ¡Tranquilos! ¡No estoy herido!*
¡No estoy herido!

Saliendo de la Florida, el capitán dejó el barco en
manos del gallego Muleiro.
Al rato, la nave *chocó con algo.*
–¿*Qué fue eso, piloto Muleiro?*
–Cuba, señor.

–¿Sabes, Pepe? Mi mujer y yo vamos a celebrar nues-
tras bodas de plata con un viaje.
–¿*Adónde?*
–Yo, a París; ella, a Miami.

Cuatro *amigos de Barcelona fueron* de vacaciones a
Nueva York. *Con ellos fue el gallego Paco.* Se alojaron
en un magnífico hotel de ochenta pisos. Sus habitaciones
estaban en el piso *sesenta y cinco.* Una noche volvían de

· · · · · · · ·
El gallego Muleiro:
–¿Para qué buscar-
le 3 pies al gato? *¡Si
todo el mundo sabe
que tiene 2!*
· · · · · · · ·
Mi esposa me tra-
ta como a un pe-
rro... *quiere que
sea fiel.*
· · · · · · · ·
La tierra es redon-
da y se llama *pla-
neta. Si fuera pla-
na... ¿se llamaría
redondeta?*
· · · · · · · ·

una juerga y el portero les dijo que *el ascensor no funcionaba*: no les quedó otra solución que subir andando.

–*¿Sabéis qué podemos hacer? Comencemos a subir. Cada uno contará una historia que los otros no conozcan. Algo que él sepa y los demás no. De ese modo se nos hará menos dura la subida.*

La primera historia les duró *hasta el piso 20.*

La segunda, *hasta el piso 30.*

La tercera, *hasta el piso 40.*

La cuarta, *hasta el piso 55.*

Por fin le tocó el turno de contar su historia al gallego Paco.

–*Habéis contado vuestras historias pero, a decir verdad, algunas ya las conocía yo. ¡En cambio la que os voy a contar seguro que no la conocéis!*

–¿Seguro, Paco? ¡Pues anda, cuéntala!

–*Pues ahí va: mi historia es que nos hemos olvidado las llaves en la conserjería. ¿A que no la conociais?*

–*¿Cuánto me costaría ir un mes a París con mi esposa?*
–Unos diez mil dólares.
–*¡Tanto! ¿Y si voy yo solo?*
–Calcule el doble.

–¿Por qué el sol no se pone sobre el Imperio Británico?
–*Porque Dios no confía en los ingleses en la oscuridad.*

Un turista describiendo las cataratas del Niágara:
–Allí corría el agua como el champán.

Al regresar de un viaje de placer alrededor del mundo durante el cual un individuo derrochó todo su capital, le preguntaron en la aduana:
–*¿Tiene algo que declarar?*
–Sí, sin duda me declaro totalmente en quiebra.

. . . .
–¿Se me nota mucho que estoy borracho, Paco?
–No, Pepe, tranquilo. Sólo cuando vomitas.
. . . .

Súper ¡Uf!

En el patíbulo. Estaban a punto de ahorcar al gallego Muleiro.
—¿Tiene miedo, Muleiro?
—*Un poco. Como es la primera vez...*

—Hijo, ¿qué tal te ha ido hoy en clase?
—*Pues mira, mamá, mi clase está atiborrada de niñatos maleducados e ignorados por sus padres. Debido a los cortes en el presupuesto, la biblioteca está cerrada, pero a nadie le importa porque de todas formas nadie la usaba. La facultad se está cayendo en pedazos, tiene goteras y la calefacción no funciona. No hay tizas, ni borradores, ni papel en las fotocopiadoras, ni nada de nada. Los profesores están estresados e irritables debido a su carga lectiva, sus largas horas de trabajo, la masificación de la universidad y los últimos recortes de salarios. Los estudiantes alternan entre la estupefacción y el aburrimiento en clase, esperando a que pase la hora. No tenemos una perspectiva histórica, ni sentido de la lógica, ni habilidad numérica, ni dominio del idioma, ni capacidad deductiva o inductiva. Nos falta una base, y aguantamos atendiendo menos tiempo del que dura un bostezo. Oye, ¿no crees que sería mejor que dejase de estudiar y me pusiese a trabajar?*
—Pero hijo, nunca llegarás a nada sin *una buena educación.*

Se está muriendo gente que antes no se moría.

Rectificar es de sabios... equivocados.

Súper ¡Uy!

–¿Sabes, Pepe? Hace muchos años que vivo muy atormentado.

–*¿Por qué, Manolo?*

–En 1978 hice un viaje con mi hermano gemelo. El barco se hundió. Murió la mitad de los pasajeros y toda la tripulación. Desde entonces, mi drama es que no *sé si el que se murió fue mi hermano o yo.*

Si el vino es líquido, ¿cómo puede ser seco?

¿Cómo se escribe el cero en *números romanos?*

¿Por qué algunas personas aprietan el control remoto con más fuerza *cuando se está quedando sin pilas?*

–¿Qué te pasa, Manolo, que te veo tan triste?

–*Vengo de un viaje por la selva y me ha sucedido una cosa muy rara. Estaba dando una vuelta y entre los matorrales apareció un gorila. Sin que yo tuviera tiempo para reaccionar, me arrancó la ropa y me violó.*

–¡Vamos, hombre! Entiendo que estés preocupado, pero ahora ya ha pasado. Tranquilo.

–*¿Cómo que tranquilo? No me escribe, no me llama, no sé nada de él...*

–¿Qué te ha pasado en la cabeza?

–*Nada, que hice una gira con mi espectáculo. A los gallegos no les gustó mi actuación y me tiraron tomates...*

–¿Tomates? ¿Y te hirieron de ese modo con tomates?

–*...en lata.*

La pareja llevaba más de cuatro meses divorciada.

El ex marido no pasaba la pensión que habían acordado. Después de llamarlo repetidas veces y de no haber obtenido una respuesta, la mujer decidió tocarle las fibras del corazón.

Tomó una foto de la bebita de ambos donde se la veía desnudita en la cama y se la envió inmediatamente con una breve nota:

"Ésta es la razón por la que te pido el dinero".
A vuelta de correo recibió un sobre dentro del cual había una foto de una tremenda hembra desnuda sobre la cama, y una nota:
"Ésta es la razón por la que no tengo dinero para mandarte".

–Por favor, métemelo despacito.
–*¿Así?*
–¡Así!... ¡Un poquito más adentro por favor!
–*¿Te duele?*
–No.
–Ahora que ya entró completo ¡muévelo un poco!
–¡Oh! ¡Qué maravilla! ¡Me gusta!
–*¿Qué quieres que haga ahora?*
–¿Ahora? ¡¡¡Hummmmm!!! ¡Ahora ponme el otro zapato que me los llevo!

–*Don Manolo: vengo a pedirle la mano de su hija...*
Don Manolo le contestó con cuatro docena de garrotazos.
Cuando terminó la paliza, se calmó un poco.
Miró entonces a su hija: gorda, feísima, con bigotes, algo jorobadita.
–¡Bueno, joder! ¡Espero que no tomes esto como una negativa definitiva!

–Alguien tiene que decirle a la María que su marido ha muerto en un accidente, pero con mucho tacto.
–*Yo mismo.*
–Bien, ve tú, Pepe. ¡Pero con mucho tacto!, ¿eh? ¡Con mucho tacto!

Con Pinochet había más trabajo.
Un sepulturero

Cuando un hombre le abre la puerta del auto a su mujer, una de dos: *o se trata de un auto nuevo o se trata de una esposa nueva.*

Esta obsesión de suicidio *me está matando.*

–Paca, tu marido se salió de la autopista y se espachurró todos los sesos contra la carretera, pero con mucho tacto, ¿eh? Con mucho tacto...

–¡Maríaaaa! ¡Tráeme una naranjaaaaa!
–¿Te la pelooooo?
–¡Noooooo! ¡Que me traigas una naranjaaaaa!

El gallego Pepitín visitó a sus padres después de su noche de bodas.
–Anda, cuéntanos, ¿cómo fueron las cosas anoche, Pepitín?
–Muy bien, padre. Te diría que por el modo en que ella se me insinuaba ¡podría habérmela follado!

En el otorrino:
–Lo felicito. ¡Su prueba auditiva ha sido favorable!
–Perdón, ¿cómo dice?

–Ayer me quedé con la boca abierta al ver que mi mujer se había quedado durante más de una hora con la boca cerrada.

El gallego Muleiro era tan pero tan entrometido que no sólo leía las cartas ajenas, sino que además las contestaba.

–El coraje es una característica de mi familia. Mi abuelo tuvo el coraje de entrar en una jaula en que habían tres ferocísimos leones.
–Tendría un gran triunfo al salir, ¿no?
–¿Y quién dijo que salió?

Súper Vaca

Es relativamente simple distinguir los pros y contras de los diferentes regímenes políticos. Les brindamos un claro ejemplo:
Usted es propietario de dos vacas. Elija cuál es el sistema político que más le conviene:

Feudalismo: Usted tiene dos vacas, el Lord se lleva parte de la leche.

Socialismo puro: Usted tiene dos vacas, el gobierno se las lleva, las pone en un corral comunitario junto con muchas otras. Usted tiene que vigilar las vacas de todo el mundo. El gobierno le da toda la leche que necesite.

. . . .
Estoy hecha una vaca.
Un toro gay
. . . .

Socialismo burocrático: Usted tiene dos vacas, el gobierno se las lleva a un corral comunitario junto con muchas otras. Son vigiladas por ex cuidadores de gallinas. Usted tiene que cuidar de las gallinas que el gobierno les quitó a ellos. El gobierno le garantiza la leche y los huevos que están en el reglamento.

Fascismo: Usted tiene dos vacas, el gobierno se las lleva, a usted le pagan para que las vigile y luego el gobierno le vende la leche.

Comunismo puro: Usted tiene dos vacas. Los vecinos le ayudan a cuidarlas, entre todos se reparten la leche.

Comunismo ruso: Usted tiene dos vacas, usted tiene que vigilarlas, el gobierno se lleva toda la leche.

Comunismo camboyano: Usted tiene dos vacas, el gobierno se las lleva, usted es fusilado.

Dictadura: Usted tiene dos vacas, el gobierno se las

241

lleva, usted es reclutado para el ejército.

Democracia pura: Usted tiene dos vacas, los vecinos deciden quién se queda con la leche.

Democracia representativa: Usted tiene dos vacas, los vecinos eligen a alguien que decida quién se queda con la leche.

Democracia Comunidad Económica Europea: Usted tiene dos vacas, el gobierno le dice cómo las debe alimentar y cuándo las va a ordeñar. Luego le paga para que tire la leche a la basura. Luego se las lleva, mata una y ordeña la otra. Al final le obliga a llenar papeles justificando la falta de una vaca.

Anarquía pura: Usted tiene dos vacas, o vende la leche a un precio justo o sus vecinos lo matan para robarla.

Capitalismo: Usted tiene dos vacas, vende una y se compra un toro.

Humanismo: Usted tiene dos vacas, la liga protectora de los animales se las lleva para el zoológico.

Hinduismo: Usted tiene dos vacas, ellas le dicen qué debe hacer.

Surrealismo: Usted tiene dos jirafas, el gobierno le obliga a bailar salsa.

Errar es humano. Pero echarle la culpa al otro *es más humano todavía.*

–¿Qué representa ese cuadro, Manolo?
–*Una vaca que comió pasto.*
–¡Pero no veo la vaca!

. . . .
Desafío: En lenguaje empresarial, cuando tu jefe te pasa un muerto.

. . . .
Pedante: Vanidoso flatulento.

. . . .

–¿Tú crees que después de comer el pasto la vaca se iba a quedar allí, Pepe? ¡Por favor, coño!

–¿Así que piensas ir de vacaciones a África? No sabes el calor que hace allí, ¡cuarenta grados a la sombra!
–Sí, pero yo no pienso estar en la sombra.

Si no puedes deslumbrar con tu brillantez, desconcierta con gilipolleces.

La televisión está formada por muchos canales que hacen lo mismo para que puedas elegir.

–Me sucedió una tragedia, Paco.
–¿Qué te pasó, Manolo?
–Me encontré con mi hijo mayor en un prostíbulo.
–Eso no es nada; nuestros hijos ya son grandes y tienen derecho a relajarse.
–Lo sé, lo sé: pero mi hijo trabaja allí.

Injusticia: Si un hombre se detiene en una acera y mira a una mujer que se desnuda junto a la ventana es un mirón. Si un hombre se desnuda en una ventana y una mujer le mira desde la acera es considerado un exhibicionista.

Súper Vascos

(Más brutos que los gallegos)

–¿Por qué el equipo de fútbol vasco no ha subido a la primera división?
–*Porque apenas ha aprendido a sumar.*

–¿Por qué los vascos hacen fiestas en la cumbre del monte?
–*Porque les gusta celebrar las cosas por todo lo alto.*

> ·········
> Se dice que si alineas todos los autos del mundo, uno detrás de otro, siempre aparecerá alguien suficientemente estúpido para tratar de pasarte por la derecha.
> ·········

–¿Qué estás buscando, Antxón?
–*Mis gafas.*
–¡Pero si las tienes puestas, hombre!
–*¡Gracias! ¡Ya me iba sin ellas, joder!*

–¿Por qué los vascos dicen frases muy crudas?
–*Porque no les gustan las frases muy hechas.*

Dos vascos decidieron clavarse clavos en la cabeza para distraerse un poco.
–*¿Te hago daño?*
–¡Hombre! Cuando se te escapa el martillo, un poco.

–¿Por qué los vascos no pudieron aterrizar en la Luna?
–*Porque era luna llena.*

Adán y Eva vascos mientras le ponían nombres a los animales que poblaban la tierra, se detuvieron frente a los rinocerontes.

–*Oye, Adanxiño: ¿qué nombre le pondremos a éstos?*
–Pues rinocerontes.
–*¿Y por qué?*
–¡Pues porque son los que más se parecen a los rinoceron-tes de todos los que hemos bautizado hasta ahora, joder!

En un bar vasco.
–Jefe, se nos ha acabado el atún.
–*Pues, haz los bocadillos de calabazas.*
–*¿Y el sabor?*
–*Detalles, hombres, detalles...*

–*¿Por qué los vascos tienen reloj de sol con núme-ros luminosos?*
–Para poder ver la hora por la noche.

–*Es que han sentenciado a mi marido el Patxi a seis meses de cárcel.*
–Seis meses pasan muy pronto, ¡mujer!
–*¡Pues, eso es lo que me preocupa, joder!*

–¿Cómo estoy, doctor?
–*Está usted lleno de microbios. Pero no se preocu-pe, son muy pequeños.*

–¿Cuántos vascos hacen falta para arrancar un coche?
–*Cinco. Uno para agarrar el volante otro para mo-ver los pedales, y dos para empujar.*
–Ésos son cuatro. ¿Y el quinto?

• • • • • • • •
Siempre que tú creas que es para toda la vida, no lo será.
• • • • • • • •
Todo lo que no tie-ne solución no se soluciona, y lo que la tiene, tampoco.
• • • • • • • •

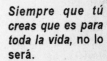

–*Va sentado en la capota gritando: "¡Brruuuum, bruuuum, brrrrruuuum!"*

El vasco había leído el aviso: "Dígalo con flores".
–*Buenas... ¿Cuántas flores tengo que enviar para decir: "Tenemos criada nueva y además sorda; por lo demás, sin novedad"?*

–Pues sí: ahora vivo de los libros.
–*¿Te publicaron algo Ibarrugarrena?*
–No. Vendo los que me prestan.

El vasco Antxon consiguió un trabajo de encuestador:
–Disculpe, señor, ¿cuántos hombres cornudos conoce? Sin contarse usted, claro.
–*¡Óigame! ¿¿¿Cómo se atreve???*
–Bueeeno, vale. Si quiere contarse primero...

El vasco Onaindía Purretería iba por el centro de Rentería con un burro sobre los hombros.
Un turista, al verlo, exclamó:
–*¡Qué bestia!*
–Pues sí. ¡Pero si viera lo bueno que me ha salido!

–*Oye, Iñaki, ¿para qué coño vamos a discutir si lo podemos arreglar a los golpes?*

El médico bilbaíno era bastante presumido:
–Doctor, discúlpeme, pero yo quisiera tener una segunda opinión de su diagnóstico, ¿a usted le molestaría?
–*¡De ninguna manera!* Véame *mañana a las cinco.*

Súper Veloz

Un matrimonio viajaba por la autopista respetando el límite de 100 kilómetros por hora.

—Querido, yo sé que estuvimos casados durante 15 años, pero quiero el divorcio...

El marido no dijo nada, pero de a poco subió la velocidad a 120 kilómetros por hora.

—No quiero ni que hablemos del tema porque te estuve engañando con tu mejor amigo y él es mucho mejor en la cama que tú...

Nuevamente, el marido aceleró.

—Quiero la casa...

Nuevamente el marido aceleró: más de 150 kilómetros por hora.

—También quiero quedarme con los niños.

Ya iban a 170 kilómetros por hora.

—Quiero el auto, las cuentas bancarias y todas las tarjetas de crédito.

Iban a 190 kilómetros por hora y de a poco el marido comenzó a desviar el auto hacia una columna de un puente.

—¿Hay algo que tú quieras?

—No, tengo todo lo que necesito...

—¿Ah, sí? ¿Qué es?

Él respondió, justo antes de chocar a 200 kilómetros por hora:

—Yo tengo el *airbag.*

El galleguito Muleiro al carpintero:
—¿Qué hace señor?
—Aquí, meneando la cola.
—Estará muy contento...

El gallego Pepe era tan pero tan querido por Dios que recibía el pan nuestro de cada día con mantequilla.

Candidato: Persona que obtiene dinero de los ricos y votos de los pobres para protegerlos a unos de los otros.

Súper Vieji

Una mujer de 25 años le contaba a una amiga sobre su matrimonio con un señor de 85.

—Es tan caballero... me trae flores todos los días, me regala bombones, me lleva de paseo, fuimos de vacaciones a Hawaii, me compra ropa todas las semanas, cine, teatro, cenas en los mejores restaurantes, joyas.

—¿Y en la cama?

—En la cama hacemos el tratamiento.

—¿Qué tratamiento?

—Él trata y yo miento.

El abuelito llegó a la farmacia:

—Este condón me salió malo...

—¿Por qué? ¿Se le rompe?

—No, se dobla a la mitad.

—Cuando te mueras, Pepa, voy a comprar una lápida que diga: *"Aquí yace mi mujer, tan fría como siempre..."*

—Y yo voy a poner: "Aquí yace mi marido, se puso duro al fin..."

El viejecito en el médico.

—Doctor, ¿qué puedo hacer para combatir la impotencia?

—Mire, abuelo, si quiere tener buenas erecciones coma mucho pan.

Así que el viejecito entró en la primera panadería que encontró.

—Deme cinco kilos de pan, jovencita.

—¡Qué bien abuelo!, ¿familia numerosa?

—No, hijita, vivo solo.

—Entonces, ¿va a organizar alguna reunión?

–*No, hijita, para nada.*
–Perdone la curiosidad, ¿para quién compra tanto pan?
–*Pues es sólo para mí.*
–Pero, para usted solo es mucho pan, ¡se le va a poner duro!
–*¡Ah, picarona!, ¿tú también lo sabías?*

El viejito en el prostíbulo:
–*Quiero una muchacha.*
–Pero, "abuelito"... usted ¡ya está acabado!
–*¡Ah!, ¿ya acabé?... Entonces, ¿cuánto debo?*

Vivía una viejecita sola con su gato.
Un día, limpiando el ático, se encontró con una lámpara de aceite. La pulió y apareció un Genio con la muy conocida oferta de los tres deseos.
–*¡Quiero volver a ser joven y hermosa! ¡Quiero tener grandes riquezas y quiero que el gato se convierta en un Príncipe!*
Hubo un estallido y bastante humo.
La vieja se encontró joven y hermosa, rodeada de riquezas y allí de pie había un apuesto Príncipe que la llamaba.
Cuando estuvo en sus brazos, el Príncipe le susurró al oído:
–¿No te arrepientes ahora *de haberme castrado?*

Iba un viejito por el bosque, cuando escuchó a sus pies una débil voz. Se agachó y descubrió que quien le hablaba era una ranita:
–*Soy una princesa hermosa, erótica y sensual, diestra en todos los placeres del amor. La reina mala, envidiosa de mis encantos, me convirtió en rana, pero si me das un beso volveré a ser quien era y te daré todos los*

Matrimonio: Una historia romántica en la cual el protagonista muere en el primer capítulo.

La única manera de llegar a los cien años es cuidarse muy bien *a los noventa y nueve.*

goces y deleites que mi voluptuoso temperamento y mi ardiente concupiscencia pueden producir.

El viejito levantó la rana y se la echó en el bolsillo.

—¿Qué? ¿No me vas a besar?

—¡No! A mi edad es más divertido tener una rana que habla que una mujer calentona.

—No sabía que tu abuelo estaba en Japón, ¿por qué está separado de tu abuela?

—Por el océano Pacífico.

—No hace mucho tiempo estuvimos reunidos festejando los 101 años de mi abuelo... ¡que ya es algo que festejar: 101 años! Nos reunimos todos los hermanos, primos, tíos, parientes, una fiesta genial. Fue una pena que él no estuviera con nosotros... mi abuelo *murió cuando tenía treinta y dos...*

Era un viejo agrio y gruñón que siempre andaba peleando con todos. Un día alguien vio que en su jardín tenía un rosal.

—*No me imaginaba a usted capaz de cultivar tan bonitas rosas.*

—Es que no las cultivo por las flores, sino por las espinas.

Dos viejitos consiguieron algún dinero y lograron pasar la noche con unas prostitutas. A la mañana siguiente...

—*¿Cómo te fue, Manolo?*

—De maravilla, aguanté como 15 minutos y después me quedé dormido. ¿Y a ti Pepe?

—*¡Uyyy! ¡Yo no dejé dormir a la dama en toda la noche!*

—¿¿¿No la dejaste dormir en toda la noche???

—*No... ¡¡¡me dio otra vez esa tosecita de mierda!!!*

Súper Viles

El maestro les hizo un cuento a los niños para que salieran abrigados al patio del colegio a jugar con la nieve durante el recreo:

–Pues yo una vez tuve un hermanito que salió un día a esquiar sin abrigarse, y pescó una pulmonía que terminó muerto a los tres días…

–Profesor, ¿y dónde fue que su hermanito *dejó los esquíes*?

–¡Pepe, has regresado! ¡Hace veinte años te marchaste una noche a comprar cigarrillos! ¡Veinte años!

–¡Joder, Paca, suerte que lo has mencionado! Ya vuelvo: ¡olvidé las cerillas!

–¿Cuál es la diferencia entre la cinta *Scotch* y la cinta gallega?

–*No sé.*

–A la cinta gallega le falta el lado engomado.

–¿Sabes, Pepe? Mi mujer fue a la cosmetóloga y se compró una de esas máscaras de barro.

–*¿Y?*

–Pues, que durante dos días se la vio hermosa.

–*¿Y después?*

–La máscara de barro se *resquebrajó*.

–*Dígame, doctor, ¿cómo estoy?*

–Bien, intentaré serle lo más claro posible. Usted arde en deseos de acostarse con su madre.

–*¡Miserable de mí!*

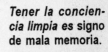

Tener la conciencia limpia es signo de mala memoria.

Un negro en la nieve es un blanco perfecto.

–Cálmese, no se lo tome así. Además no es un caso que no pueda resolverse.

–*Usted no se da cuenta, pero ¡mi madre es una mujer casada!*

Ninguna gallega va a ir a la Luna: *no sabría qué ponerse.*

–*¿Por qué los gallegos cuelgan una zanahoria en la ventana?*

–Para tener buena vista.

....
Conciencia: Voz interior que nos advierte que alguien nos está mirando.
....

Castración: Conversión a las doctrinas del gobernante cubano.
....

–*Me duele un oído, doctor.*

–¿Cuál?

–*No lo sé. ¡Como no me los puedo ver!*

El cantante de tangos pasó con un amigo por la puerta de la casa de Gardel y leyó una placa recordatoria. *Se emocionó.*

–¿Vos creés que cuando yo me muera van a colocar una placa en mi casa?

–*Pero seguro, flaco, seguro.*

–¿Y qué inscripción creés que pondrán?

–*"En venta."*

Súper Windows

Bill Gates muere en un accidente automovilístico. Cuando toma conciencia, se encuentra en el Purgatorio con Dios.

–Bien Bill; realmente tu caso me tiene confundido. No estoy seguro si mandarte al Paraíso o al Infierno. Después de todo, ayudaste a la sociedad poniendo un ordenador casi en cada hogar del mundo, pero creaste esa porquería del Windows 95. Ya sé, voy a hacer algo que nunca hice hasta ahora. En tu caso, ¡te voy a dejar elegir adónde prefieres ir! Puedes elegir entre el Cielo y el Infierno.

–Bueh, gracias Dios. Pero, ¿cuál es la diferencia entre los dos?

–Estoy dispuesto a dejarte visitar, brevemente, a ambos para que te ayude a tomar la mejor decisión.

–Bien, pero ¿adónde debería ir primero?

–Eso también lo dejo a tu elección.

–Entonces probemos con el Infierno primero.

Bill fue al Infierno. Era un lugar precioso, limpio, playas con blancas arenas y claras aguas. Había miles de mujeres hermosas corriendo, jugando en el agua, riendo y gozando de la vida.

El sol brillaba en lo alto y la temperatura era perfecta. Bill, encantado, le dice a Dios:

–¡Esto es fantástico! Si éste es el Infierno, no puedo esperar para ver el Paraíso.

–Bien, vamos allá.

El Paraíso estaba ubicado sobre las nubes. Tenía Ángeles tocando liras y cantando.

Era apacible y lindo, pero no encantador y fascinante como el Infierno.

Bill lo pensó rápidamente y comunicó su decisión a Dios:

–Creo que prefiero el Infierno.

–Bien, como desees.

Bill Gates se fue al Infierno.

Dos semanas después, Dios decidió "chequear" si el multimillonario disfrutaba su vida en el Infierno. Cuan-

Ayer: Fecha de entrega del trabajo.

–Mi ordenador me gana al ajedrez, *pero yo le gano boxeando.*

¡Cielos! El virus cachondo me pide *40 discos vírgenes* o mata al módem.

do llegó, encontró a Bill esposado en una pared. Gritaba entre las llamas ardientes dentro de una oscura cueva. Los Demonios lo torturaban y quemaban.

–¿Cómo vas Bill?

–¡Esto es una mierda! Algo que no esperaba: no puedo creer que haya sucedido. ¿Qué pasó con el otro lugar que tenía playas y las mujeres más hermosas jugando en el agua?

–¡Ah! Eso era el Protector de Pantalla...

Virus informático: Creencia de usuarios inexpertos de que una fuerza maligna exterior es la causante de sus errores en la computadora.

Un norteamericano, un inglés y un gallego están en un típico bar en París.

Charlan, toman cervezas y se divierten como locos.

De repente el inglés dice:

–¡Cómo nos divertimos en este bar!, pero yo conozco un Cyber Pub en Londres que se llama "Pub Andrew", donde tomas tu primera cerveza, tomas tu segunda cerveza y ¡Andrew te regala la tercera!

El norteamericano dice:

–Yo conozco un lugar mucho mejor en Nueva York que se llama "Cyber Pub John", donde hay docenas de computadoras, conexiones ultrarrápidas de Internet y cuando tomas tu primera cerveza, John te regala la segunda, tomas la tercera, John te regala la cuarta.

El gallego dice:

–Pues yo conozco un lugar mucho mejor en Galicia, se llama "Bodega Manolo". Allí no hay computadoras, conexiones de Internet ni nada de todo eso. Pero allí te pagan la primera cerveza, te pagan la segunda, te pagan la tercera, te pagan la cuarta y ¡hasta puedes ir al segundo piso y hacer el amor como loco!

–¡¡¡Increíble ese sitio!!! No lo podemos creer, ¿realmente te pasó eso?

–No, a mí no, nunca. ¡Pero a mi hermana sí!

Súper Woman

Hay que mejorar la condición femenina. *Las cocinas son demasiado pequeñas, los fregaderos demasiado bajos y el mango de las cacerolas está mal aislado.*

–Si yo tuviera una de esas cosas que cuelgan embutida en los pantalones, *me pasaría el día sentada en casa mirándola, muerta de risa.*

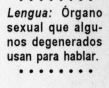

• • • • • • • •
Lengua: Órgano sexual que algunos degenerados usan para hablar.
• • • • • • • •

–¿Por qué los hombres silban mejor que las mujeres?
–*Porque tienen cerebro de pájaro.*

–¿Cuál es la diferencia entre un hombre y una tormenta de nieve?
–*Ninguna. Uno nunca sabe cuántos centímetros va a tener ni cuánto tiempo va a durar.*

–Dios ha creado a las mujeres bellas y estúpidas. Bellas para que los hombres puedan amarlas y estúpidas *para que ellas puedan amar a los hombres.*

–¿Qué tienen en común un ex marido y un apéndice?
–*Con los dos uno se siente muy mal y cuando se lo sacan, uno se da cuenta de que no servía para nada.*

Adán le preguntó a Dios:
–*Dime, Dios, ¿por qué hiciste a Eva tan agradable?*
–*Para que te encontrases a gusto con ella.*

–Ah... y dime, ¿por qué la hiciste tan bella y tan sexy?
–Para que te pudieses enamorar de ella.
–Ah... y dime, ¿por qué la hiciste tan tonta?
–Para que ella también se pudiese enamorar de ti.

Las batallas contra las mujeres *son las únicas que se ganan huyendo.*

–¿Por qué los hombres usan corbata?
–Porque se ven menos estúpidos que con una correa.

Vamos a ver: ¿qué pasaría si, de pronto, *nos volviéramos todos personas normales?*

–¿Por qué los hombres no llegan a la menopausia?
–Porque se quedan eternamente en la adolescencia.

–¿Qué es el divorcio?
–Cuando tu mujer decide vivir con tu sueldo pero sin ti.

Jersey: Prenda de vestir que se tienen que poner los niños cuando tienen frío las mamás.

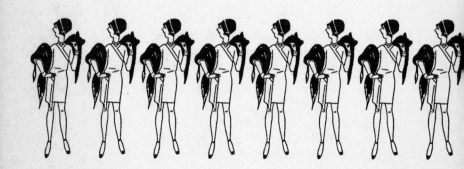

Súper X

−¡Qué buena es tu salsa, Pepe! ¿Qué cantidad de vino usas para prepararla?
−*Más o menos un buche grande.*

Contaba el gallego Manolo:
−*Mi padre solía hablar mucho conmigo. Me decía: "¡Escucha, idiota!". Tenía esa costumbre de decirme "Escucha".*

−Manolo, ¿tienes buena memoria para las caras?
−*Pues sí.*
−Mejor. Porque se acaba de romper el espejo y *tendrás que afeitarte de memoria.*

−¿En qué se parecen la inteligencia y el hombre?
−*En nada.*

−El bebé es el vivo retrato de su padre.
−*¿Y qué te importa, Paca? ¡Con tal de que esté sanito!*

−¿Te has comprado un auto nuevo, Paco? ¿De qué color es?
−*¡Joder, Manolo! Los nuevos colores son tan horribles que el vendedor me ofreció empapelarlo.*

−Voy a arreglar la cañería, mujer.
−*Mejor deja, Paco: desde que arreglaste el reloj de pa-*

Indiferencia: Actitud que adopta una mujer hacia un hombre que no le interesa, que es interpretada por el hombre como *"se está haciendo la difícil".*

257

red, el cucú sale, se rasca la cabeza, se rasca los huevos y pregunta: "¿Qué hora será, coño?"

—*He resuelto el problema del aparcamiento, Pepe.*
—¿Qué has hecho, Manolo?
—*Pues muy sencillo: he comprado un coche* ya aparcado.

—*¿Tú sabes qué es una cosa que tiene treinta y dos patas, los ojos verdes, un cuerpo rojo y velludo, estriado en marrón y blanco?*
—¡No lo sé, Pepe, no me jodas! No me gustan las adivinanzas así que dime qué es...
—*¡Pues no lo sé! ¡Pero lo estoy viendo subir por tu espalda!*

—*Me parece que no me casaré por ahora, Paco.*
—¿Por qué, Pepe?
—*Porque anoche se me ocurrió decirle a María que sus medias le hacían arrugas y se enfureció conmigo.*
—Pero eso no tiene importancia. ¡Se le pasará, hombre!
—*No creo. No llevaba medias.*

—*¿Tu marido se ha curado de la cleptomanía que padecía?*
—Ha mejorado muchísimo. Ahora me trae objetos mucho más valiosos.

—*Doctor, me temo que me estoy quedando sordo. Fíjese que ya no me oigo ni toser.*
—Tome estas pastillas.
—*¿Son para oír mejor?*
—No. Son para que tosa más fuerte.

Súper Ya

Las últimas instrucciones a la nueva mucama gallega:
—Tomamos el desayuno a las ocho en punto.
—*Muy bien. Pero si yo no estoy a esa hora, señora, no me espere, ¿eh?*

—*¿Para qué sirve ese hilo?*
—Para medir el clima.
—*¿Cómo funciona?*
—Pues muy sencillo: cuando se mueve de un lado para el otro, es que está ventoso. Cuando se humedece, es que llueve.

—*¿Sabe conducir motos?*
—No.
—*Entonces, ¿le importaría vigilar la mía un ratito?*

Un letrero encima del buzón del pueblo:
"No introducir paquetes que no quepan por la ranura."

Registro civil.
—Voy a ponerle nombre al niño.
—*¿Qué nombre le va a poner?*
—Bricolage.
—*¿Bricolage?*
—¡Hombre, claro! ¡Lo he hecho yo mismo!

—*Si ninguno de éstos le gusta, puedo mostrarle otros que hay en la vitrina.*
—No se moleste. Si tiene usted que guardarlos en una vitrina, es que son demasiado caros para mí.

Súper Yes

El gallego Jesús llegó muerto de miedo al dentista:
—Tómese un vinito para coger valor, tenga.
El dentista comprobó que, a pesar del primer vasito de vino, el gallego seguía muerto de miedo.
—Tómese otro vinito, para coger valor.
Y así estuvieron durante dos horas hasta que el gallego dejó de temblar.
—Bien, ¿ya ha cogido valor?
—¡Pues sí, coño! ¡¡¡Y ahora quisiera ver quién es el valiente que se atreve a tocarme los dientes!!!*

—¿Cómo has sido capaz de estafar a quienes confiaban en ti?
—Es que a las que desconfían de uno, no hay manera de estafarlas.

Manolo subió por primera vez a un ascensor.
Los pasajeros pedían al ascensorista:
—*Primero.*
—*Noveno.*
—*Cuarto.*
—*Décimo.*
—*Séptimo...*
Manolo, calladito.
—¿Y usted? ¿Qué piso?
—Pues no sé. ¿Cuáles le quedan?

El preso gritó:
—*Agua, mi cabo. Quiero agua.*
—¿Y para qué quiere agua?
—Para tomar. No va a ser para escaparme nadando, ¿no?

Mirada sensual: Método utilizado por la mujer para darle a entender al hombre que ella está interesada en él. Sin embargo, muchas mujeres no pueden lograr que los hombres le miren los ojos debido a que la mujer no tiene los ojos en los pechos.

Súper You

−Si a una mujer la atropellan en la calle, ¿quién tiene la culpa?
−*La mujer, porque salió de la cocina.*

−¿Oyeron hablar de la bebé hermafrodita?
−*No.*
−Nació con *una vagina* y *un cerebro.*

−Era una mujer tan pero tan tonta... *¡¡¡que hasta las otras se dieron cuenta!!!*

−Eres tan fea que cuando naciste tu padre preguntó: *¿Dónde está la cámara oculta?*

Lo mejor de las mujeres es que son *biodegradables.*

−¿Por qué las mujeres cierran los ojos al hacer el amor?
−*Porque no les gusta ver cómo disfrutamos los hombres.*

−¿En qué se diferencia una mujer de un perro?
−*En el precio del collar.*

−¿Por qué se sabe que el alcohol tiene hormonas femeninas?
−*Porque cuando estás borracho comienzas a decir*

La mujer es como el avestruz: *cabeza pequeña, culo enorme y pone los huevos así de grandes.*

• • • • • • • •

Andaluz: Persona que anda con una linterna en la mano.

• • • • • • • •

"Mujer": Conjunto de células medianamente organizadas que *rodean a una vagina.*

• • • • • • • •

La mujer es como una locomotora: para que funcione hay que *darle leña y mucho pito.*

• • • • • • • •

idioteces, conduces para el demonio y ¡¡¡lloras por todo!!!

Las faldas cortas hacen que los hombres se comporten educadamente. ¿Han visto alguna vez a un hombre subirse a un autobús delante de una chica con minifalda?

· · · · · · · · ·
La diferencia entre oscuro y duro es que *oscuro está toda la noche*.

· · · · · · · ·
Amo a la Humanidad, lo que me revienta es *la gente*.

· · · · · · · ·
Se *abrió el telón*: aparecieron dos argentinos. Desapareció el telón.

· · · · · · · ·

–*¿Cuál es el astro más cercano a la mujer?*
–El astro-pajo.

–¿En qué se parece una mujer a un delfín?
–*En que se supone que los dos tienen inteligencia pero son incapaces de comunicarse con el hombre.*

–¿Sabes cómo hacer reír a una mujer un lunes por la mañana?
–*Contándole un chiste el viernes por la noche.*

–¿Sabes dónde estaríamos si nunca hubiesen existido las mujeres?
–¡En el Paraíso!

Súper Z

–Hola, me llamo Jorge ¿quieres hacer el amor conmigo?
–*Bueno. ¿En tu casa o en la mía?*
–Oye, mira, ¡si ya empiezas a poner peros, *mejor lo dejamos*!

–Paca, ahora que me voy a morir te quiero confesar un secreto.
–*¿Qué secreto?*
–El año pasado te engañé con tu mejor amiga.
–*¿Y por qué crees que te he envenenado?*

–María, promete que cuando me muera te casarás con Antonio.
–*Pero, ¡si es tu peor enemigo!*
–Pues por eso. ¡Que se joda!

–*Papá, el padre de Manolito ha llamado para saber si puede venir a hacer los problemas de matemáticas contigo.*

En el cole.
–Siempre llegas tarde, ¿no podrías ser más puntual?
–*Sí, podría... ¡pero se me haría el día tan largo!*

–*¿Tú crees que todos los compradores de arte son verdaderos aficionados?*
–Depende. Si el comprador paga 3.000 pesetas por un cuadro, es porque le gusta a él. Si paga 30.000 es porque le gusta a los demás.

La educación es lo más importante. Si yo no supiera firmar tendría que comprar *todo cash*.

Súper Zip

—¿Sabes Manolo que la semana pasada me seleccionaron para ir a un concurso de televisión?
—¿Y cómo te fue?
—Pues, no lo sé, Manolo, ¡como no tengo televisión!

—¿Por qué estás duchándote con el paraguas abierto, Paco?
—¡Es que no tengo toalla!

Bujías: Aparatos imprescindibles para la supervivencia de los mecánicos, que siempre las suelen cambiar.

Webón webón: Usuario que espera unas 2 horas para adquirir por la web la misma información que tiene en un libro de su escritorio.

Espejo: Objeto que pierde su atractivo a medida que envejecemos.

—¡¡¡Tú con ese violinista no te casas, María!!!
—Pero, ¿por qué, madre? ¿Por qué? Es un hombre bueno y lo quiero.
—¡Es que no puedes casarte con un hombre que tiene los bigotes más pequeños que los tuyos, María!

El hijo del gángster gallego:
—Manolito ¿por qué quieres matar al maestro?
—Porque sabe demasiado.

Manolo en el avión a punto de saltar.
—¡Alto, Manolo! ¡No tiene puesto el paracaídas!
—¡Tranquilo, sargento! Es sólo un salto de práctica.

Un explorador se perdió en una selva y anduvo una semana a la aventura, hasta que al fin encontró a otro explorador.
—¡Bendito sea Dios! Ya llevaba ocho días extraviado, ¿podría usted orientarme?

–¿Orientarle? Me temo que no, porque yo me perdí hace casi un año.

Manolo entró al bar muy amenazante.
–Si descubro quién ha robado mi caballo, haré lo que hacía mi abuelo hace veinte años.
–¿Y qué hacía tu abuelo?
–Volvía a casa a pie.

Un alumno a su compañero, que no era aplicado, mientras le acariciaba la cabeza.
–¿Sabes cuál es la diferencia entre un león y un burro?
–No.
–Que al león no se le puede acariciar la cabeza, y al burro sí.

–Ayer, el estúpido de tu compañero me dijo que apostaba a que mi mujer me engañaba.
–¿Y cuánto perdió, jefe?

–¡Estuve muy a gusto mirando el mar!
–¿Sólo lo mirabas? ¿No te metiste en el agua?
–¡Ni pensarlo! A mí el tiburón que se me aparezca tendrá que salir a buscarme a la arena.

–¿Qué pasó con el taxi que pedí para ir al aeropuerto? ¡No voy a llegar a tiempo para coger el avión de las ocho a Barcelona!

Arquitecto: Dícese de un tipo que no fue lo suficientemente macho para ser ingeniero ni lo suficientemente gay para ser decorador.

Felicidad: Eso que todo el mundo busca y nadie encuentra, excepto los que creen que la encontraron.

–No se preocupe, ese avión siempre se retrasa.
–*Seguro que hoy saldrá retrasado si no viene el taxi que llamé.* ¡Soy el piloto!

–*Paquito, ¿por qué no abres nunca los libros de matemáticas y de gramática española, que son las dos materias principales?*
–¡Para ahorrar las materias primas, señorita!

El gallego Muleiro era tan pero tan pesimista que se declaró a la novia diciéndole: "¿Quiere usted ser mi viuda?"

. . . .
Hay dos tipos de mujeres: *las feas y las que se pintan.*
. . . .
–¡¡¡Seguid así!!! Y *Sí se fue muy acompañado.*
. . . .

–*¿Por qué las niñas ricas y caprichosas no follan?*
–Porque no hay preservativos de Snoopy...

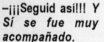

Acaban de lanzar una nueva compañía de seguros exclusivamente para gallegos.
Se llama *"La culpa fue mía".*

–*¿No es admirable que veinte siglos de iglesia no hayan podido acabar con la religión?*
–Pues a mí me parece más asombroso que veinte siglos de medicina no hayan acabado con el ser humano.

Súper Zoo

—*El otro día pesqué un tiburón de treinta metros.*
—¡Eres un mentiroso, Manolo! ¡No hay tiburones de treinta metros de largo!
—*¿Cómo de largo? ¡Yo digo de ancho!*

—*¡Me di cuenta de que esa gallina era viejísima por los dientes!*
—¡Pero si las gallinas no tienen dientes!
—*Pero yo sí.*

—¿Qué hace la oveja Dolly cuando choca contra un farol?
—*¡¡¡Clon!!!*

Entra un negrito en un bar con un loro al hombro y le dice el camarero:
—*¿De dónde lo has sacado?*
Y el loro le contesta:
—*¡De Kenia! ¡Hay muchísimos allí!*

Un elefante se cayó en un charco de arenas movedizas y empezó a gritar desesperado pidiendo socorro. Una hormiga lo oyó y lo sacó con su Mercedes Benz.
Al cabo de un rato, fue la hormiga la que se cayó en un charquito, y cuando el elefante la vio, se agachó un poco para que *la hormiga se pudiera agarrar a su picha y salvarse.*
Moraleja:
"Si la tienes grande, no te hace falta un Mercedes".

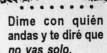

Dime con quién andas y te diré que *no vas solo.*

—¡¡¡No coman con avaricia!!! *Y Avaricia comió sola.*

Cuando el río suena es que *no estamos sordos.*

Súper Zzz

–¡Joder, Manolo! Nuestras mujeres ya no quieren saber nada de sexo. ¿Por qué no nos vamos de putas a Huelva?

–Vale, pero ¿cuánto cobramos?

–¡Pero señora, no puede solicitar el divorcio sólo porque su marido fuma en la cama!

–¿No se puede? Entonces, ¿debo pasarme la vida permitiendo que el Manolo, mi marido, encienda las cerillas en mi espalda?

Las suegras se inventaron porque el diablo *no puede estar en todas partes.*

No es lo mismo *María Callas que* ¡Te callas, María!

La mejor prueba de que existe vida inteligente en otros lugares de nuestro universo es que *nadie trató de contactarnos.*

–Este coche consume sólo una cucharada de gasolina por cada mil kilómetros.

–Un momento, ¿una cuchara de café o una cuchara sopera?

Confesión: Medio por el cual uno limpia su alma para comenzar a pecar de nuevo.

Si un diplomático dice sí, *quiere decir* quizá.
Si dice quizá, *quiere decir* no.
Si dice no, *es* ruso.

El gallego Muleiro se embarcó para América.
El viaje le costó un montón de dólares.
Muleiro era muy amarrete. Inútilmente había intentado viajar en "cuarta clase" o embarcarse en un carguero.
Cuando llegó a Nueva York, vio que un hombre rana

salía del agua y se dirigía en dirección a la playa.
–¡Coño! ¡Cómo no se me ocurrió que se podía venir caminando!

En el juzgado:
–Le condeno a una multa de cien mil pesetas por insultos a la autoridad. ¿Tiene algo que decir?
–Sí, mucho... pero con estos precios, prefiero callarme.

–¿Por qué, en verano, los policías gallegos riegan el techo de su patrulla cada 5 minutos?
–Para que no se les seque la sirena.

Era tan pero tan grande el pez que saqué que tuve que llamar a dos mentirosos para que me ayudaran a contar de qué tamaño era.

Cuando murió su suegra, Pepe Muleiro mandó a colocar esta lápida: "Aquí descansa doña María Padrón. En casa descansamos todos".

A un hombre sólo le pido tres cosas: que sea guapo, implacable y estúpido.

Un hombre muy friolero decidió pasar el invierno en Canarias, pero a los pocos días regresó totalmente decepcionado:
–No había razón para que me quedara. Allí no hay invierno.

–¡¡¡Seguid adelante!!!
Y se perdieron porque Delante no conocía el camino.

Un médico a otro:
–¿A qué se debe que tengas esa fama tan exagerada? Te conozco muy bien, y sé que no eres una lumbrera.
–Muy sencillo. A mis pacientes les digo que están

269

gravísimos. *Si se mueren*, es que acerté. *Y si se salvan*, creen que hice un milagro.

Llegó el marido borracho de madrugada:
—¿Qué horas son éstas? ¡Llevo más de cuatro horas sin dormir!
—*¡Qué fastidio! Yo esperé más de cuatro horas para encontrarte dormida.*

Amigo: Alguien que te quiere incluso después de conocerte.

Aviso: Beber agua no potable puede matar tu sed.

Imparcial: Persona que suele ser sobornada por las dos partes.

—*¿Qué pasa contigo, Paco? ¿Por qué llegas tarde otra vez?*
—Porque me caí del autobús.
—*¿Ah, sí? No creo que hayas tardado tanto en caerte.*
—Es que me caí muy despacito, muy despacito.

—¿Por qué subió usted la apuesta? Estaba bien claro que el otro tenía cuatro ases. En cambio usted, ¿qué tenía?
—*Dos reinas... y seis whiskys.*

Manolito terminó la hamburguesa y limpió el plato con el pañuelo.
—¿¡Por qué limpias el plato con el pañuelo!?
—*No te enfades, mamá. El pañuelo ya estaba sucio.*

Era tan pero tan optimista que por la noche no caía rendido sino triunfador.

—*El otro día me encontré a tu marido y me dijo que le sienta fatal que no te acuestes antes de las tres de*

la madrugada. ¿Qué haces a esas horas?
—Esperarlo.

Un caníbal a otro:
—Oye, Tumba-Tumba, te veo muy atareado. ¿Puedo echarte una mano?
—*No, gracias, acabo de comer y no me cabe ni una más.*

Un joven conducía con una mano mientras con la otra abrazaba a la novia. El policía:
—Use las dos manos, joven.
—*Sí, ya lo había pensado, pero entonces, ¿con cuál conduzco?*

—*¿Así que usted sabe qué estoy pensando en estos momentos?*
—Con toda claridad.
—*En ese caso, le ruego que me perdone.*

El gallego Pepe era tan pero tan listo que pescaba los peces de agua dulce con caña de azúcar.

Entró un gallego con un loro a un bar, y el cantinero preguntó:
—¿Habla el animal?
—¿Y yo qué sé? —respondió el loro de mal modo.

Un travesti pasa por una joyería en el preciso momento en que la están asaltando. Los ladrones huyen rápidamente, pero al llegar la policía detiene al travesti.
En la comisaría, deciden torturarlo para que confiese

• • • • • • • •
—Dígame, doña Jesusa, ¿cómo se consigue ser la única centenaria del pueblo?
—*Haciendo dos cosas: nacer antes que los otros y no morirse.*
• • • • • • • •

Copyright: Escritor inglés que trabajó muchísimo, pues todas las obras llevan su firma.
• • • • • • • •

—Si un hombre sonríe todo el tiempo, seguramente está *vendiendo algo que no funciona.*
• • • • • • • •

Nueva York es como vivir dentro del cerebro de Stephen King *durante un derrame.*
• • • • • • • •

dónde dejó las joyas. Para ello lo meten en un tanque de agua, del cual lo sacan cuando ya está a punto de ahogarse.

−¿*Dónde están las joyas?*

−¡Aghhh, ughh, puaj!

Una vez más le meten la cabeza en el tanque de agua.

−¿*Dónde están las joyas?*

−¡Aghhh, puajt, ayy!

Y así durante dos horas hasta que ya agotadísimo el travesti dice:

−¡¡¡*Ayyyyyy!!! ¡Basta! ¡Consiganse otro tanque porque aquí adentro yo no veo ni mierda!*

El asegurado al agente de seguros:

−Le puedo jurar que el otro coche no sufrió ningún daño.

−¿*Y el suyo?*

−Un poquito menos.

−¿Sabes qué es lo malo del sexo en la tele?

−*Que te caes, porque es demasiado pequeña.*

−¿Qué especialidad tiene?

−*Soy radiólogo.*

−¿Y trabaja solo?

−¿*Y qué quiere? ¿Que tenga un locutor?*

Jesucristo en la Última Cena.

−*Hermanos, uno de nosotros me traicionará esta noche.*

San Pedro se le acerca y le pregunta:

−Maestro, ¿seré yo acaso?

−*No te preocupes Pedrito.*

Después se le acerca San Juan.

−Maestro, ¿seré yo?

Y así sucesivamente todos los apóstoles, hasta que Ju-

das se acerca y le dice:
–Maestro, ¿seré yo?
–¡Yo con soplones no hablo!

Teléfono:
–¡Hola! ¡Prepárate, Pepe! Me he comprado unas braguitas y un liguero negro, como a ti te gustan, estoy lanzadísima. Prepárate y ven que nos vamos a un hotel, Pepe.
–Pero ¡si yo me llamo Manolo!
–O sea: ¿no vas a venir?

–¿Cómo se dice árbol en chino?
–Té.
–Y ¿cómo se dice bosque?
–Tétététététététététététététététététététététététété.

El motorista iba por una carretera. Al tomar una curva chocó contra unas maderas que sobresalían de un camión cargado con elementos de construcción que circulaba en su mismo sentido.
El hombre del camión bajó y le preguntó:
–¿Se ha lastimado?
–¡No pero usted debería llevar un trapo rojo o algo similar!
–Si no ha visto el carro, ¿¿¿cómo espera ver un trapito rojo???

Jesucristo llega con los apóstoles y pregunta.
–¿Donde está el pan?
Juan, comiéndoselo rápidamente, responde:
–Se lo comió Judas.
Entonces Jesucristo le da sus azotes a Judas.
–¿Dónde está el vino?
Pedro, tomándoselo:

· · · · · · · ·
–¡¡¡Niño, niñooo...!!!
–¡¡¡Que no soy un niño!!! ¡¡¡Es que estoy muy leeeeee
eeeeeeeeeeeeeeee
eeeeeeeeeeeeeeee
eeeeeeeeeeeeeeee
eeeeeeeeeeeeeeee
eeeeeeeeeeeeeeee
eeeeeeeeeeeeeeee
eeeeeeeeeeeeeeee
eeeeeeeeeeeeeeee
eeeeeeeeeeeeeeee
eeeeeeeeeeeeeeee
eeeeeeeeeeeeeeee
eeeeeeeeeeeeeeee
eeeeeeeeeeeeeeee
eeeeeeeeeeeeeeee
eeeeeeeeeeeeeeee
eeeeeeeeeeeeeeee
eeeeeeeeeeeeeeee
eeeeeeeeeeeeeeee
eeeeeeeeeeeeeeee
eeeeeeeeeeeeeeee
eeeeeeeeeeeeeeee
eeeeeeeeeeeeeeee
eeeeeeeeeeeeeeee
eeeeeeeeeeeeeeee
eeeeeeeeeeeeeeee
eeeeeeeeeeeeeeee
eeeeeeeeeeeeeeee
eeeeeeeeeeeeeeee
eeeeeeeeeeeeejos!!!
· · · · · · · ·

–Fue Judas, fue Judas.
Y Judas recibe sus azotes.
–*Hermanos, uno de ustedes me traicionará esta noche.*
Judas enojado.
–Sí, ¡todo yo, todo yo, todo yo!

–¿En qué se parece un travesti a un corpiño?
–*En que los dos se abrochan por atrás.*

–¿Sales minerales?
–*No, estoy castigada.*

–Mi mujer conduce como un rayo.
–¿Va tan rápido?
–No, siempre se da contra los árboles.

En uno de sus sermones, Jesús dijo:
–*El que esté libre de pecado que arroje la primera piedra.*
En eso le pasó rozando la cabeza una tremenda pedrada. Extrañado, descubrió que una viejita había sido la culpable y exclamó:
–*¡Tú no juegas, madre!*

Al llegar a un burdel, el gallego le dice a la prostituta:
–*En mi país las mujeres tienen el pelo como hilos de seda; los vellos de las axilas como hilos de lana, el vello de las piernas como hilos de....*
–¡Oye tío!, ¿tú vienes a follar o a tejer?

El gallego Manolo en el bar. Le dice al camarero:
–*¡Sírvame un whisky!*
Al rato:
–*¡Sírvame otro whisky!*
Así 8 o 9 veces.

274

El camarero ya lo vio muy borracho:
–¡Váyase a casa, hombre, que está borrachísimo!
El gallego se fue gateando a su casa.
Llegó y se metió en la cama.
Al día siguiente lo despertó su mujer por la tarde:
–¡Joder! Vaya pedo que pillaste ayer, ¿no?
–*Nooooo, ¿quién te ha dicho eso?*
–Los del bar.
–*¡¡¡Mienten!!!*
–¿Mienten? Puede ser... pero llamaron para decirte que
anoche te olvidaste allá la silla de ruedas.

Un polaco entró en una librería y le preguntó al librero:
–*¿Tiene usted algo de Hemingway?*
–Sí, "El viejo y el mar".
–*Hum... ¡deme "El mar"!*

–¿Qué hacen los judíos cuando tienen frío?
–*Se acercan a la estufa.*
–¿Y cuando tienen mucho, mucho frío?
–*La encienden.*

Los dos viejitos de 90 años:
–*Oye, tú ¿te pones condón para hacer el amor...?*
–¡Lo único que me faltaba! ¡Agregarme peso...!

El hombre estaba a punto de cerrar su tienda cuando
entró un ladrón con una pistola:
–*¡No dispare, no dispare, le daré todo el dinero!*
–Pues venga, ¡rápido! ¡Abra la caja registradora!
–*Tome, tome...*
–¡Ahora se me arrodilla!
–*Sí, sí, pero no dispare...*
En ese momento el ladrón se bajó la cremallera, sacó lo

Eternidad: Esperar
la luz verde cuando
hay un espacio
para estacionarse
del otro lado de la
calle.

suyo y le dijo al dependiente:

–¡Y ahora me la mamas!

–*Sí, sí, lo que usted quiera, pero no dispare...*

Al cabo de un rato, al ladrón en pleno éxtasis, se le cayó el revólver. Los dos se quedaron un momento mirándolo. El tendero lo levantó, se lo puso de nuevo en la mano al ladrón y le dijo:

–*Pero ¿por qué soltó la pistola? ¿Y si llega a entrar alguien que me conoce?*

–Mamá, en el colegio nadie puede pronunciar mi nombre.

–*¡No les hagas caso Jreswzxbutghtyuwxas!*

–¡Acabo de ver cómo robaron el banco!

–*¡Descríbame el banco!*

Un dentista norteamericano y un dentista iraquí se conocen en un congreso:

–*Oye, ¿cuánto cobras tú por extraer un diente en Irak?*

–Pues depende, pero suelo cobrar unos 3.000 dólares.

–*Coño, ¿y por qué tan caro?*

–Es que ni te imaginas lo difícil que es sacar un diente en un país donde todo el mundo tiene *siempre la boca cerrada*.

El jefe de una tribu de indios en una reserva en Florida llamó al brujo:

–¿Cómo se presentará el próximo invierno?

El brujo tiró unos huesos, sacrificó unas aves, preparó unas cintas de cuero y al final dijo:

–*¡Malo, malo!*

El jefe ordenó a toda la tribu que comenzara a prepararse para el invierno cortando leña, arreglando las tiendas. Toda la tribu se pone a trabajar. Hasta los niños cortaban leña.

A los quince días, el jefe volvió a hablar con el brujo:

–¿Cómo se presentará el invierno a la vista de las mejoras que hemos hecho en el poblado?

El brujo volvió a utilizar la magia y dijo al jefe:

–*¡Malo, malo, malo, malo!*

Entonces el jefe reunió a la tribu y les dijo:

–Hay que trabajar más porque el invierno será particularmente duro, y nadie se gasta un centavo en el poblado para tener algún recurso en caso de emergencia.

Al cabo de otros quince días se repitió la historia, y cuando el jefe le dijo al poblado que había que trabajar más duro todavía, empezaron a oírse voces de protesta e insultos hacia el brujo.

El jefe empezó a estar muy preocupado. Un día decidió vestirse con traje y corbata y recurrir a la ciencia; se fue a la NASA y le preguntó a los expertos:

–¿Cómo se presenta el invierno?

Lo llevaron a una sala repleta de ordenadores y pantallas. Los ordenadores trabajaron a velocidad supersónica. Los archivos estallaban. Por fin, una conclusión:

–*¡Malo, malo, malo!*

El jefe, aterrado ante el motín que le esperaba al volver al poblado, insistió:

–¿Ustedes están absolutamente seguros de que va a ser tan malo?

–*Hombre, las técnicas que utilizamos aquí son muy fiables. Acertamos el 98 por ciento de las veces. Pero este año seguro, seguro, seguro que va a ser muy malo, porque hay una cosa que no falla nunca:* los indios llevan dos meses cortando leña...

–¿Qué te pasa Manolo que tienes esa cara?

–*Nada, mujer, son cosas mías.*

–Venga, dime qué te sucede.

–*Te digo que son cosas mías.*

–Cosas tuyas, cosas tuyas... Tú tienes que aprender a compartir conmigo, que soy tu esposa.

–*Son cosas mías.*

–Todo es tuyo: la casa, el auto, el chalet, las plateas del

A todas ustedes, vírgenes, gracias por nada.

Lástima que la estupidez no es dolorosa.

¡Mejora tu imagen! ¡Trata de que te vean conmigo!

estadio... Tienes que aprender a decir nosotros... Tus cosas son nuestras cosas. Tienes que decir "nosotros".
–*¿Aprender a decir "nosotros"? Muy bien... Pues "nosotros" nos hemos encontrado con el Paco que nos dijo a "nosotros" que nos iba a matar a "nosotros", porque "nosotros" nos hemos follado a su mujer ¿vale?*

–*Papi, para tu cumple te voy a regalar una corbata.*
–La verdad, Paquito, ¡el mejor regalo que me podés hacer es tener buenas calificaciones en la escuela!
–*¡Ay, pa! Es tarde: ¡ya te compré la corbata!*

–*Entre otras muchas enfermedades, usted sufre de hidropesía.*
–Y eso ¿qué es?
–¡Demasiada agua en el cuerpo!
–¡Debe ser el hielo!

–Querida, por favor, despiértame cuando tenga sed.
–*¿Y yo cómo voy a saber cuándo tienes sed?*
–No te preocupes. Tú despiértame, que yo voy a tener sed.

Un comisario interrogaba a un funcionario del banco que acababa de ser robado por cuarta vez consecutiva por el mismo ladrón:
–*¡No puede ser que este tipo robe cuatro veces el mismo banco y no lo atrapemos! Dígame, ¿notó algo en especial en el tipo?*
–Sí, esta vez estaba mucho mejor vestido.

–¿¿¿No te da vergüenza, animal??? ¡Dos días fuera de casa y ahora llegas a las dos de la mañana, borracho y haciendo un escándalo tal que se enteran todos los vecinos!

–*¡Pero, si a mí los vecinos ni me vieron entrar!*

–¡Claro! Y ¿tú crees que no escucharon *todo lo que yo estoy gritándote, imbécil*?

–*A ver, ¿quién de ustedes manejaba cuando chocaron?*

–Nadie, oficial, estábamos *todos en el asiento de atrás*.

–Por favor, señora. ¡Atravesé media ciudad! ¡Piedad para este pobre sediento!

–*Pero, hombre, faltaba más. ¡Un vaso de agua no se le niega a nadie!*

–¿Agua? ¡Le dije sediento, no mugriento!

–Al subsecretario Pepe Muleiro, el de economía, le dicen *"El genio"*.

–*¿Tanto sabe de números?*

–No. Es que aparece cada vez que alguien descorcha una botella.

La noche era fría. Destemplada. Se oía el apagado ronquido de los búhos.

Sobre la cima de la montaña, el castillo gris delineaba su silueta siniestra.

El viento soplaba lúgubremente y cargaba en el aire un olor jamás sentido hasta entonces.

Con la brisa, se expandía entre los árboles sombríos y penetraba en la almas de los espectros.

Fue entonces cuando, desde lo más profundo del castillo, *desde las entrañas mismas de las criptas*, se oyó aquella voz que gritó:

–¡¡¡Papeeeeeeeeeeeeeeeeeeeeeeeeeeeeeeeeeeeeeeeel!!!

ÍNDICE

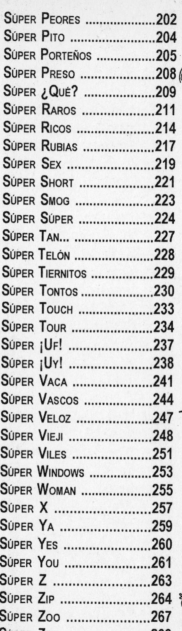

¡Nos vemos en Súper Chistes 3!